O

para

MOMENTOS
DIFÍCILES

❧

Edición para Mujeres

Emily Biggers

inspiración para la vida

⟨ CASA PROMESA

Una división de Barbour Publishing, Inc.

©2019 Oraciones para momentos difíciles
Edición para mujeres

ISBN: 978-1-68322-936-0

Título en inglés: Prayers for Difficult Times Women's Edition

Desarrollo editorial: *Semantics, Inc.* P.O. Box 290186, Nashville, TN 37229. semantics01@comcast.net

Publicado por Casa Promesa, 1810 Barbour Drive, Uhrichsville, Ohio 44683, www.casapromesa.com

Nuestra misión es inspirar al mundo con el mensaje transformador de la Biblia.

Impreso en Estados Unidos de América.

Contenido

Introducción

*Pongan todas sus preocupaciones y ansiedades en
las manos de Dios, porque él cuida de ustedes.*
1 Pedro 5:7 NTV

*L*as mujeres son criaturas verbales. Se ha afirmado que
la mujer promedio utiliza en torno a trece mil palabras
más en un día que el hombre promedio. Cuando se
menciona esta estadística, nosotras, las mujeres, ¡nos
reímos, porque la mayoría no podemos negar que nos
gusta hablar! A menudo nos encontramos buscando
respuestas y fuerza en otras personas.

Cuando te enfrentas a una prueba, ¿te sientes
tentada a llamar o escribirle a una amiga, antes de
poner tu preocupación delante de Dios? ¿Dependes
de tu marido, de tu madre o de tu hermana de un
modo excesivo en ocasiones?

Este libro te proporciona algunos comienzos
de oración que te ayudarán a llevar tus problemas
directamente a tu Padre celestial. Él desea ser Aquel
a quien acudes en tus momentos de profunda
necesidad. Somos hijas de un Dios soberano. Él
siempre oye nuestras oraciones. Escoge responder a
nuestras plegarias de distintas maneras. Es posible que
calme la furiosa tormenta que te rodea, o puede traer
paz sobre ti mientras te lleva a través de la tormenta.
Sírvete de estos comienzos de oración para empezar
a conversar con Dios. Él está preparado y capacitado
para ayudarte en las circunstancias más difíciles.

Abrumada

Los justos claman, y el Señor los oye; los
libra de todas sus angustias.
SALMO 34:17 NVI

No hay duda de que las mujeres se sienten a menudo abrumadas en la sociedad actual. Muchas hacen malabares con un trabajo fuera de casa, además de los deberes de ser esposa y madre. Otras son madres solteras que deben compaginar una profesión con criar a sus hijos ellas solas. Algunas han ascendido en la escala de grandes empresas o han construido sus propios negocios, y trabajan muchas horas cada día. Las mujeres mayores pueden verse abrumadas por la responsabilidad de criar a sus nietos a los que nunca imaginaron que se les pediría cuidar.

Independientemente de tus circunstancias, sabes que puedes volverte a Dios. Él comprende. Está preparado para ayudarte. ¡A veces, lo único que necesitamos es un buen llanto! Dios lo entiende. Él está ahí para escucharte y consolarte. Otras veces necesitamos revisar el estrés en nuestras vidas y hacer algunos cambios perentorios. Pídele que te guíe, y Él te mostrará el camino con alegría.

Señor, hoy me siento abrumada. ¿Has visto mi lista de cosas por hacer? Debo dejar algo, pero no sé dónde aplicar los cambios. Todo parece igual de importante. Tengo que trabajar para que mi familia pueda tener ingresos, pero debo estar ahí para mis hijos o sentirán que no los amo. Muéstrame el camino. Te lo pido en el nombre de Jesús.

Vengo a ti. Estoy cargada y agotada. Necesito el descanso que solo se puede hallar en ti, Jesús (Mateo 11:28).

Cuando estoy abrumada, tú eres Único que sabe qué camino debería tomar (Salmo 142:3). Padre, muéstramelo. Estoy preparada para realizar algunos cambios a fin de reducir el estrés en mi vida.

Estoy tan abrumada por todas las demandas que la vida tiene sobre mí. Antes de comenzar con mis trabajos, me detendré y pasaré tiempo contigo. Elijo ponerte a ti primero. Elijo descansar en ti para que bendigas el fruto de mis manos. Señor, te necesito.

Recuerdo una demostración en la que llenaron una jarra con arena y luego añadieron rocas. No entrarían todas las rocas. Pero cuando se pusieron primero las rocas, la arena se derramó dentro, y todo encajó con facilidad dentro de la jarra. Dios, ayúdame a dejar en claro mis prioridades. Si lo primero que hago cada mañana es pasar tiempo contigo, el resto de mi día fluirá con una suavidad mucho mayor, y multiplicarás mi tiempo para que pueda hacer todo lo que necesito hacer.

Cuando regreses, quiero estar ocupada en la obra de tu reino. No quiero estar enterrada bajo una montaña de trabajo y plazos. No quiero decirte: "Oh, Jesús, no estaba preparada para ti aún. Tengo mucho que hacer. ¡Estoy tan ocupada! ¿Puedes volver otro día? Necesito un poco más de tiempo". Ayúdame a vivir cada día como si fuese el día en el que regresarás por mí. ¡Viviré de forma diferente si mantengo mis ojos puestos en ese día!

Dios, mi esposo y mis hijos no parecen preocuparse. Me oyen quejarme de lo abrumada que estoy y aun así, continúan demandando más y más de mí. Necesito un descanso. Necesito ayuda. Muéstrame las formas en las que puedo delegar algunas tareas. Enséñame cómo enfrentarme a mi familia e insistir en pedirle su ayuda sin ser mezquina. No puedo hacer todo esto yo sola. Dios, realmente los necesito.

Abuso de drogas

¿Acaso no saben que su cuerpo es templo del Espíritu Santo,
quien está en ustedes y al que han recibido de parte de Dios?
Ustedes no son sus propios dueños; fueron comprados por
un precio. Por tanto, honren con su cuerpo a Dios.

1 CORINTIOS 6:19-20 NVI

Tomar drogas no honra a Dios. Él formó tu cuerpo de una forma misteriosa y milagrosa. Sopló aliento de vida en ti, y el único efecto de las drogas es absorber esa vida. Si has aceptado a Jesús, tienes el Espíritu Santo habitando dentro de ti. Él es tu Consejero. Sientes que lo que estás haciendo y la dependencia que has desarrollado están mal. Toma hoy la decisión de buscar ayuda para esa enfermedad o adicción.

Dios quiere que estés bien. Quiere que brilles para Él. No puedes hacerlo cuando estás sobrecargada por la toxicomanía. Ahora mismo, todo tu enfoque atiende a cuándo tendrás tu próximo chute. ¿Puedes imaginar la libertad que podrías experimentar si te alejaras de ese tipo de vida? Dios te ha extendido sus poderosas manos. Deja atrás las drogas. Busca una nueva vida que empiece hoy.

Señor, mantenme sobria. Un día a la vez. Una hora a la vez. Sé que mi cuerpo no me pertenece. Fui creada por ti y para ti. Ayúdame a honrarte con mi cuerpo. Dame la fuerza que necesito para alejarme de las drogas.

Dios, no estás intentando impedirme que me lo pase bien. Ayúdame a entender que los "buenos momentos" que he estado persiguiendo no son buenos para mí en absoluto. Renueva mi corazón, y ayúdame a querer las cosas que son buenas para mí. Las drogas son repulsivas. ¿Por qué sigo volviendo a ellas? Dios, ayúdame antes de que sea demasiado tarde.

Jesús, en ti soy libre. Ayúdame a usar esa libertad de formas productivas. Quiero marcar una diferencia en el mundo. Las drogas me hacen ser egoísta. Quiero aprender a ser desinteresada. Cúrame de esta dependencia. Quiero ser usada para tu reino.

Señor, tú me has llamado a ser sal y luz para tu mundo. Cuando abuso de las drogas, no puedo ser nada de eso. Quiero que mis conversaciones estén condimentadas de fervor hacia ti. Quiero brillar como una luz para ti en los lugares oscuros de este mundo. Incluso podría ayudar a los demás a salir de las drogas. Por favor, te pido que continúes manteniéndome sobria para que pueda ser sal y luz.

Señor, conozco tu voz. Ayúdame a estar en sintonía con la voz de mi Maestro, mi buen Pastor (Juan 10:27), no con las demás voces que me llaman. El mundo está lleno de placeres que acaban en desastre. Hay una nueva promesa de un nivel superior o de una vía de escape mayor cada día en los lugares donde he estado viviendo. Ayúdame a escapar de esta peligrosa carrera de obstáculos y a cambiarla por los caminos rectos que tú has preparado para mí.

Señor, no quiero que el pecado reine sobre mí. Tú eres mi Rey, no las drogas. Tráeme de vuelta de la muerte. Hazme estar viva de nuevo en mi fe y en mi caminar contigo como mi Salvador y Señor de mi vida. Quiero ser tu instrumento de justicia (Romanos 6:12-14).

Crea en mí un corazón limpio, Dios, y renueva en mí un espíritu firme (Salmo 51:10).

Abuso de alcohol

El Espíritu y la novia dicen: «¡Ven!»; y el que escuche
diga: «¡Ven!» El que tenga sed, venga; y el que
quiera, tome gratuitamente del agua de la vida.
APOCALIPSIS 22:17 NVI

El alcohol es, simplemente, una sustancia, un líquido contenido en una botella; y, sin embargo, cuando se le da rienda suelta, posee un gran poder y puede hacer estragos en una vida. El alcoholismo destruye matrimonios, familias y futuros.

Tienes que saber que hay una satisfacción para tu sed. Existe una salida de la vida en la que has caído, una vida que depende de la supervivencia hasta que consigues la siguiente bebida. Existe un agua vida. Existe Jesús.

Es posible que seas tan adicta y que te sientas tan atraída por el alcohol que sientas que no tienes potestad alguna sobre él. Ese es un gran comienzo, reconocer que no eres lo suficientemente fuerte para superarlo por tu cuenta, entender que necesitas ayuda. Cuando actúes por fe, y busques ayuda por medio de un programa de recuperación de la adicción, Dios te dará la fuerza que necesitas día a día. Intercambia la sustancia de la enfermedad por el agua viva, y no volverás a tener sed jamás.

Padre, ayúdame en este día a ser sabia en lugar de necia. Ayúdame a refrenarme para no beber, pues me conduce a hacer cosas que no te agradan. Ayúdame, en cambio, a estar llena de tu Espíritu Santo. Dame la capacidad de ver todo lo que has hecho por mí y ser agradecida. Te doy las gracias de antemano por la forma en la que creo que me salvarás del alcoholismo (Efesios 5:17-20).

No resulta fácil admitir que tengo un problema con el alcohol, Dios. Soy una persona a la que le gusta llevar las riendas. Voy a trabajar. Dirijo mi casa. En general, soy una buena persona. ¿De dónde procede esta adicción, y por qué tiene tanta influencia sobre mí? Te pido que me des la capacidad de verlo hoy como lo que es, Señor. Un problema. Admitirlo es el primer paso.

Dios, quiero ser una mujer de carácter e integridad, no alguien que va a hurtadillas a buscar la próxima copa. Quiero que mi vida te sea agradable, quiero estar preparada cuando vuelvas para llevarme a casa (Romanos 13:13). Quiero que me encuentres viviendo una vida honrosa. Padre, ayúdame a volver a eso. Te pido que me rescates.

Señor, como mujer detesto admitir la debilidad. Pero admito que estoy abusando del alcohol. Lo estoy usando como apoyo. Tiene un control sobre mi vida como ninguna otra cosa. Cambiaría a mi mejor amiga o mi último dólar por él. Sin pretenderlo, lo he convertido en mi dios. ¡Es un dios tan lamentable! No me ofrece nada. Por favor intervén en este drama que me he creado. Llévame de nuevo a un lugar de seguridad en el que los límites agradables estén establecidos en mi vida. Señor, te amo (Salmo 16:6).

Padre, tú sanaste al ciego y al cojo, y hasta a los leprosos. Sé que puedes sanarme a mí también. No me había visto tan enferma en mucho tiempo, pero ahora estoy empezando a verlo. Esto es una enfermedad. Necesito tu intervención divina. Necesito que aparezcas como el Gran Médico en mi vida.

Señor, ¡es tan duro ser diferente! Otras personas pueden tomarse solo una copa. Para mí no es suficiente. Ojalá pudiera. Odio ser así. Te ruego que me proporciones la ayuda perfecta de personas que son como yo, de personas que han escapado de esta prisión y han comenzado una nueva vida sin alcohol.

Accidentes

Ahora bien, sabemos que Dios dispone todas las cosas para el bien de quienes lo aman, los que han sido llamados de acuerdo con su propósito.
ROMANOS 8:28 NVI

Una sabia mujer le comentó a su familia: "A pesar de que hemos recibido muchas bendiciones, no somos inmunes a los problemas de este mundo". Unas pocas semanas después, se produjo un trágico accidente en su propia familia. La mujer y sus seres queridos lamentaron la pérdida de un hijo que les fue arrebatado a una edad temprana.

Era imposible sentir que esto pudiera ser la voluntad de Dios y, sin embargo, la mujer recordó un versículo que declaraba que todos nuestros días están contados, y que Dios ordenó cada uno de ellos antes de que naciéramos. ¿Acaso habría mirado Dios hacia otro lado, y se habría olvidado de esta familia? ¿Se habría quedado dormido en su trabajo, y habría permitido esta tragedia? ¡Desde luego que no!

El mundo en el que vivimos es un mundo caído, y los accidentes ocurren. Pero puede surgir algo bueno de la peor de las situaciones y de la pérdida más profunda. Por ahora, solo vemos en parte, pero un día se nos concederá el conocimiento pleno. Confía en Él. Dios siempre tiene el control, incluso cuando se producen los accidentes.

Padre, sé que hay un tiempo para cada cosa. Tu Palabra me lo indica. No entiendo cómo podría ser esto parte de tu plan, pero te pido que uses incluso esto para tu gloria. Haz que en el futuro pueda mirar un día en retrospectiva, y vea cómo tu mano estuvo obrando en mi vida aunque fuera un tiempo muy complicado.

Dios, sé que estás en control. Te preocupas de mis necesidades del mismo modo que cuidas a los gorriones y a los lirios del campo. Soy tu hija. Nunca apartarás tu mano de mi vida.

A veces siento la conmoción que experimenté después del accidente. Se diría que lo estuviera viviendo de nuevo. Envuélveme en paz, estabilidad y calma en lugar de alteración. Tú me trajiste hasta aquí, y continuarás haciéndolo… día a día.

Dios, de tu Palabra parece deducirse que tú siempre conviertes lo malo en algo bueno. Derribaste a Saulo en el camino a Damasco, para levantarlo como un gran líder. Produjiste un diluvio, pero cuando este acabó tú convertiste el mundo en un lugar mejor. Usa este accidente. Usa este dolor. Crea algo nuevo aquí, y haz que yo lo vea y lo aprecie.

Padre, me despierto por la noche atribulada y asustada. Estoy tan impactada por esta tragedia, que me da la sensación de que nunca seré la misma. Recuérdame que puedo acostarme y descansar en paz, porque tú cuidas de mí. Te lo pido en el poderoso nombre de Jesús, que sana.

Dios, tú no apartaste tu mirada de nosotros ni nos olvidaste. Estabas ahí. Ayúdame a confiar en que tus caminos son más altos que los míos y tus pensamientos más elevados que los míos.

Dios, estos son días difíciles. Me despierto con el sol que brilla a través de mi ventana, y me pregunto cómo es posible que pueda haber tanto brillo y belleza ahí fuera cuando yo me siento tan triste y enferma por dentro. Sé que es posible que requiera tiempo, pero te pido que restaures el sentido del gozo en mi corazón. Señor, ¿me llevarás en tus brazos durante el día hoy? ¿Me recordarás que estás tan cerca y que no me has abandonado ni lo harás nunca?

Querido Señor, eres omnipotente y omnipresente. Siempre tienes en mente lo mejor para mí. Y en ti no hay "accidentes".

Padre, no era así como yo quería que fueran las cosas. No puedo creer que esto haya sucedido en realidad, y que esté aquí sentada en medio de lo que parece imposible de superar. Dame las fuerzas para enfrentarme a las montañas que tengo por delante, porque en ti todo es posible. Hasta la sanidad. Incluso progresar en este sufrimiento.

Adicción

Tengan cuidado, no sea que se les endurezca el corazón por el vicio, la embriaguez y las preocupaciones de esta vida. De otra manera, aquel día caerá de improviso sobre ustedes.

LUCAS 21:34 NVI

Nadie planea convertirse en un adicto. Nadie enciende el televisor para ver películas pornográficas, o bebe, o abre la caja de analgésico con la consciencia o el objetivo de caminar por el camino que lleva a la destrucción. Y, sin embargo, las familias se destruyen, se pierden empleos, y los corazones quedan atrapados a diario por las adicciones.

Como seres humanos, de forma natural buscamos que algo llene los huecos de nuestras vidas, los lugares vacíos, los momentos de soledad, las desilusiones. Cuando llenamos estos espacios con algo que no es Jesús, nos encontramos una y otra vez con las manos vacías. Volvemos por una bebida más, una pastilla más, una más… cualquiera que pueda ser la adicción.

Nada tiene el poder de llenar el hueco de Dios en tu corazón, aparte de Él mismo. *Nada.* Vuélvete y huye de lo que tiene influencia en tu vida. No es más que una trampa que te mantiene alejada de la abundante vida que te ofrece Jesús.

Cada día es un nuevo comienzo. Ayúdame a resistir la tentación de tomar una salida más fácil. Ayúdame a aguantar hasta el final. Dios, mi adicción no me causa más que enfermedad y dolor. Recuérdame que tus caminos son puros y buenos, y que siempre me sacan de todo con bien.

Padre, no puedo hacer esto por mí misma. Te ruego que pongas en mi camino al consolador, al grupo o el programa adecuado. Te suplico que guíes mis pasos, y me des la fuerza para mantener mi caminar en la dirección correcta.

Soy una nueva criatura en ti, Jesús. Pensaba que eso significaría que ya no sentiría la tentación. Creía que me despertaría siendo una mujer transformada y preparada para enfrentarme a la vida, libre de adicciones; sin embargo, sigo luchando todavía. Camina conmigo. Muéstrame el camino. Ayúdame a confiar en tu tiempo, mientras me sanas y me liberas.

Ojalá pudiera agitar una varita mágica y hacer que aquellos a los que quiero se apartaran de esta adicción. Siento que tengo que competir con esto día y noche. No puedo cambiar la situación, pero sí puedo entregártela en oración. Lo deposito todo en tus fuertes y capaces manos, Padre celestial. Te pido que cambies lo que yo no puedo cambiar.

Jesús, cada día llevo una cruz. Es una adicción enfermiza que no me acarrea nada bueno. No le ofrece nada beneficioso a nadie que esté en mi vida. Solo produce dolor, dolor y más dolor. Cargaré con esta cruz. Un día buscaré liberarme por completo de ella, pero en el caso de que permanezca siempre en el fondo de mi mente, haz que sea algo que pertenece al pasado y no algo que sigue destruyendo mi presente y mi futuro.

Recuerdo una frase de la canción infantil "Jesús me ama" que dice "Yo soy débil y Él es fuerte". Suena tan cierto hoy. Pensaba que podía vencer esto cada vez que quisiera; yo sola. ¡Yo era tan fuerte! Señor, te necesito para que me ayudes a mantenerme sobria. Te necesito cada minuto de cada día. Soy débil, pero ¡aleluya! ¡Tú eres fuerte!

Señor, ayúdame a mirar en lo profundo de mi corazón y a examinar mis caminos. Muéstrame en qué hiero a aquellos a quienes amo: a mis padres, a mi esposo, a mis hijos, a mis amigos. Ayúdame a hacer un inventario sincero de mi vida. Quiero cambiar. Necesito tu ayuda.

Padre, ayúdame a rendirme y a poner mi adicción a tus pies. Tengo que comenzar de nuevo. Me siento como un fracaso. Sé tú quien levanta mi cabeza. Sé mi defensor contra el enemigo que quiere mantenerme cautiva de esta adicción.

Adulterio

Oísteis que fue dicho: No cometerás adulterio. Pero yo os digo que cualquiera que mira a una mujer para codiciarla, ya adulteró con ella en su corazón.
MATEO 5:27-28 RVR1960

*¿M*arías la bienvenida a tu casa a un perro callejero para que destruyera las cosas? Si estuviera delante de tu casa mostrando sus feos dientes, ¿llamarías su atención y le dirías: "¡Entra, chico! ¡Adelante!"? ¡Por supuesto que no! Nos reímos ante tal sugerencia. Y, sin embargo, cada día las mujeres permiten la entrada de enemigos peligrosos en su matrimonio. Es posible que todo comience como un simple flirteo. Tal vez te haga sentir bien recibir un buen cumplido de un hombre con el que trabajas o al que ves en el supermercado. Quizás tu esposo haya estado ocupado últimamente o un poco desatento… y aquí hay alguien que se da cuenta de tu belleza o tu valía. Sé precavida. El adulterio no comienza en el dormitorio. Jesús advirtió incluso en contra de una mirada a otro hombre. Honra a Dios honrando a tu marido.

Dios, él no fue fiel, pero afirma que quiere serlo ahora. No sé cómo responder. Dame sabiduría. Concédeme la capacidad de enfrentarme a estas decisiones y dificultades que me parecen tan insuperables. Nunca soñé que acabaría aquí. Estoy contenta de que no me hayas abandonado, ni siquiera ahora.

Fui infiel. ¿Cómo pude hacer estas cosas y ser infiel a mi marido? Siento como si hubiera cometido un pecado imperdonable. Sin embargo, me dices en tu Palabra que puedes perdonar cualquier pecado por medio de la sangre de Jesús derramada en la cruz. Conozco las palabras, pero te pido que me ayudes a que profundicen en mi corazón, donde de algún modo, pueda perdonarme a mí misma. No sé en quién me he convertido, y te pido un cambio sobrenatural en mi vida que solo puede suceder a través de tu gracia y tu perdón.

Señor, le culpo. Cada día me despierto culpándole. El reproche está comenzando a comerme y a construir una fortaleza de amargura en mi alma. Está afectando a todo lo que hago… a cada palabra que digo. Me está hundiendo en un lugar muy, muy bajo. Quita el reproche de mi corazón. Recuérdame que estoy lejos de ser perfecta y que no todo es culpa suya. Muéstrame las áreas en las que necesito cambiar, y ablanda mi corazón donde necesite ser ablandado. Te lo pido en tu nombre.

Jesús, ayúdame a traer esta carga ante tus pies. Leo cómo invitaste a esos hombres reunidos alrededor de la mujer adúltera a que arrojasen la primera piedra si ellos estaban sin pecado. Yo no estoy libre de pecado. Padre, perdóname, y ayúdame a perdonar.

Dulce Jesús, estoy rota. Hay desconfianza donde una vez hubo confianza. Siento una piedra fría donde antes había intimidad. Muéstrame el camino por delante. Te pido que lo dejes claro. Te necesito ahora como nunca antes. No puedo pasar por esto sola.

Amado Padre celestial, estabas ahí. Viste mi infidelidad. Llamémosle por su nombre. Adulterio. Conoces mi pecado, y, sin embargo, aún me amas. Las lágrimas caen por mi cara. Me duele el corazón profundamente por algo que jamás podré deshacer. Ayúdame a no volver a cometer nunca este error.

Conozco la voz de mi Pastor. La he oído durante muchos años. Estoy siendo llamada como nunca pensé que sería posible sintonizar con esa voz y buscar dirección solo de Aquel que mejor me conoce. Señor, dame gracia para el momento, así como la sanidad y el poder para pasar por esto.

Amargura

*Abandonen toda amargura, ira y enojo, gritos y calumnias,
y toda forma de malicia. Más bien, sean bondadosos y
compasivos unos con otros, y perdónense mutuamente,
así como Dios los perdonó a ustedes en Cristo.*
EFESIOS 4:31-32 NVI

*C*ualquier buen jardinero sabe que es igual de
importante quitar la mala hierba como plantar las
semillas. Ciertamente no puede crecer nada saludable
ni hermoso en un jardín lleno de malas hierbas. La
amargura, el enojo y el chismorreo son como la mala
hierba. Comienzan siendo pequeños pero, si no se
vigilan de cerca, enseguida se hace por completo con
el control. Del mismo modo que no permitirías que
la mala hierba robase los nutrientes de la tierra de tu
jardín y sofocara la nueva vida, permanece alerta para
que esto no ocurra en tu corazón.

Cuando sientas un indicio de amargura,
pisotéalo. Pídele a Dios que lo arranque de tu
corazón para que no tenga la oportunidad de
ganar el control. Piensa en la gracia que Jesús te ha
mostrado, y determina en tu corazón demostrar
gracia para con aquellos que te rodean, incluso con
quienes puedan recibir ventajas injustas o haber
herido de algún modo. Sustituye la amargura por la
amabilidad y el perdón. Esta es la voluntad de Dios
para ti en Cristo Jesús.

Señor, es difícil no comparar las vidas de los demás con la mía. Veo las cosas buenas de otra mujer. Envidio a su esposo que parece ser más sensible que el mío. Observo a sus hijos que tienen éxito en esos ámbitos en los que los míos luchan. Recuérdame que no es bueno compararme con los demás. Ayúdame a tener un corazón agradecido y lleno de contentamiento que sea justo ante ti.

Dios, en tu Palabra mencionas algunas cosas que yo no debería permitir que formasen parte de mi vida. De hecho, me indicas que las "elimine". La amargura es una de las que enumeras. Como un padre terrenal que no permite que su hija consuma comida estropeada, porque la haría enfermar, así me adviertes en contra de la amargura. Tú sabes que tiene el poder de arruinar mi vida.

Señor, me siento amargada por una situación. Tú conoces a todos los personajes y la trama de la historia. Conoces los detalles incluso antes de que yo los haya presentado ante ti. Te ruego que calmes mi espíritu y que me des la capacidad de dejarlo ir. Al aferrarme a esto y cavilar en ello de día y de noche, yo sola me estoy haciendo más daño del que cualquier otra persona podría infligirme.

Jesús, alguien me hizo daño. Tú lo viste. Estabas ahí. ¿Por qué no debería guardarle rencor? He sido herida y maltratada. ¿Y tú afirmas entenderlo? También tú fuiste herido. Te trataron de un modo injusto. Tu corazón no se endureció ni siquiera cuando los soldados pusieron vinagre amargo en tus labios resecos, mientras morías colgado de la cruz. Pediste al Padre que los perdonara. Concédeme tan solo un pequeña parte de esa fuerza, Salvador, para que yo pueda perdonar a aquellos que han actuado de forma injusta conmigo.

Padre celestial, sé que la amargura puede echar raíz y crecer como una hiedra salvaje que se esparce por todo mi ser. Por favor, ayúdame a estar alerta de su presencia y arrancarla rápidamente.

Ayúdame a enfocarme en las bendiciones, por encima de las traiciones y en los amigos, por encima de los enemigos. Señor, gracias por las personas en mi vida, las oportunidades que me has dado y las necesidades que satisfaces cada uno de los días. Escogeré centrarme en lo bueno en lugar de permitir que la amargura se encone en mi corazón.

Un día después de otro, Señor. Ayúdame a perdonar, a olvidar y a limitarme a vivir un día a la vez. Ayúdame a recordar que nada toque mi vida si no ha sido filtrado primero por tus dedos. Si me has permitido experimentar una prueba y salir airosa de ella, es que hay una razón. Te ruego que me impidas amargarme contra ti, mi Dios amoroso y fiel.

Amistades tóxicas

E hicieron pacto Jonatán y David, porque
él le amaba como a sí mismo.

1 SAMUEL 18:3 RVR1960

*L*eer sobre la amistad de Jonatán y David en la
Biblia es una gran forma de encontrar un ejemplo
de amistad sana. Eran como hermanos. Se querían
mutuamente y procuraban lo que fuera mejor para
el otro.

Cuando una amistad es unilateral, con un
individuo que da y otro que solo recibe, algo
va terriblemente mal. Dios no quiere que seas
manipulada ni manipuladora. Él quiere que sus hijos
tengan amistades sanas y de amor, en las que uno
fortalezca al otro.

Dios no quiere que nos veamos implicadas en
relaciones poco saludables. Las relaciones tóxicas
no lo glorifican. Pídele que te muestre cómo
hallar liberación de esta relación tóxica que te está
destrozando. Quieres volver a ser tú misma, pero
eso no será posible hasta que quedes libre de esta
situación.

Padre celestial, a veces siento que quieres que me sacrifique por esta amiga. Siento que debería ser una "buena cristiana", y aguantar el abuso. Sé que ese pensamiento no proviene de ti. Ayúdame a enfrentarme a los planes de Satanás. No quieres que tu hija sea tratada mal una y otra vez. Ayúdame a saber cómo encontrar la liberación de esta amistad tan desalentadora.

Jesús, esta amiga me deprime. Después de pasar tiempo con ella, no me siento bien conmigo misma. Tiene una forma de destrozarme sutilmente para fortalecerse ella. Dime qué palabras pronunciar para que pueda expresarle mis sentimientos. Si ella se niega a oírme, dame sabiduría para alejarme de esta amistad o para intentar continuar con ella, Padre.

Padre, ella está celosa. Lo veo en sus ojos. Lo percibo en sus comentarios sarcásticos. No sé por qué me tiene tanta envidia. No es que yo tenga una existencia perfecta. Creo que solo ve ciertas formas en las que me has bendecido y quiere estas cosas para sí. Padre, no parece una amiga. Parece más bien una enemiga. Ayúdame a saber cómo manejar esta situación. ¿Cómo he podido atrincherarme tanto con alguien que no es buena para mí?

Dios, en tu Palabra me dices que guarde mi corazón, pues es la fuente de la vida. No lo hice. Me abrí a alguien que no era salva. No estaba segura en aquel momento, pero ahora veo que fue un gran error. Ella no ha sido una amiga fiel. Ha compartido cosas que le conté en confianza y ha chismorreado sobre mí. Es muy difícil saber qué hacer. Te pido que me muestres si debo enfrentarme a ella o no. Dame un espíritu perdonador hacia esta persona, pero dame también sabiduría para no volver a depositar mi confianza en una persona incrédula.

Señor, ¿me proporcionarás una nueva amistad?
¿Cruzarás a una amiga en mi camino que no sea
quien siempre reciba y la que siempre hable?
Necesito a alguien que en ocasiones me escuche, que
se preocupe por mis problemas, que me ayude; estoy
cansada de ser yo quien siempre da en el cien por
cien de las veces.

Señor, gracias por tu fiel amistad. Tú nunca me
dejas. Siempre estás ahí. Incluso cuando me he
extraviado, tú sigues ahí, esperando que entre en
razón. Señor, te amo.

Dios, parece que esta amistad comenzó bien, pero las
cosas han cambiado. Ayúdame aceptar que no todas
las amistades duran toda la vida. Es posible que sea
hora de alejarme de esta.

Ansiedad

No se preocupen por nada. Más bien, oren y pídanle
a Dios todo lo que necesiten, y sean agradecidos.
<small>FILIPENSES 4:6 TLA</small>

*L*a ansiedad se disfraza. Puede aparecer como un
tic o un dolor. Provoca dolor de cabeza. Es una
opresión en el pecho o un temblor en las piernas.
Es un miedo innecesario y, sin embargo, como el
cachorro al que se libera de su correa, la ansiedad
es imposible de controlar una vez que domina tu
mente.

En el versículo se nos manda que cambiemos la
preocupación por la oración. Empieza hoy. Cada
vez que se inmiscuya un pensamiento indeseado,
bloquéalo con una oración. Incluso pronunciar el
nombre de Jesús en esos momentos tiene un gran
poder. Jesús no quiere que estés sobrecargada ni
abrumada por la preocupación. Te pide que eches
sobre Él tus inquietudes y que le permitas cuidar de
ti. Aprende a confiar más en Él, día a día, hora a
hora, incluso momento a momento. Él siempre lo
consigue y, al final, verás que la preocupación no
cambió las cosas, ¡pero las oraciones sí!

Señor, me preocupo por todo. Me preocupo por mi familia y por mis amigos. Me preocupo por el futuro, porque son muchas las incertidumbres. Sé que peco en mi ansiedad, porque no estoy confiando en ti. Te ruego que sustituyas mi temor por fe. Por favor, ayúdame a depender de ti cuando comience a preocuparme sin necesidad.

Cuando esté ansiosa, te pido que me recuerdes que debo volcar mis preocupaciones sobre ti, Jesús. Tú me pides que lo haga. Me pides que las eche fuera. Eso significa que me libre de ellas. Eso quiero decir que las lance con todas mis fuerzas a tus pies. Ayúdame a rendirme verdaderamente a ti, Señor.

Dios, nadie conocer los miedos secretos que rodean mi corazón. Nadie excepto tú. Haz que yo pueda. Que pueda dejar a un lado el temor y escoja en cambio la confianza. Tú eres mi confianza y mi paz.

Señor Jesús, sé que debo confiar en ti en lo que
respecta a mis hijos. ¡Me siento tan responsable
de ellos! Son jóvenes y vulnerables. Es posible que
tomen las decisiones equivocadas. Ayúdame a confiar
en ti con mis regalos más preciados. Tú los creaste y
los conoces incluso mucho mejor que yo. Sé tú con
ellos, Señor, y vigílalos. Hazme confiar en que tú los
guardas en tu cuidado.

Dios, esta ansiedad me está abrumando. Es una
batalla espiritual, pero está llegando a causarme
molestias físicas. No puedo dormir ni comer bien.
Estoy agotada. Sana mi mente y mi corazón. Aleja
el miedo y el pánico. Sustitúyelos por paz y calma.
Deseo descansar en ti. Sé que no puedo hacerlo por
mi cuenta. Necesito que me ayudes a conseguirlo,
Dios.

La ansiedad es como una prisión de la que no puedo liberarme por mucho que lo intente. Dios, necesito ayuda. ¡Es tan duro admitirlo! Dame hoy sabiduría respecto a cómo conseguir ayuda. Despójame de mi orgullo. Te pido que me proveas de la ayuda que necesito con tanta urgencia, y que no sea demasiado orgullosa para aceptarla.

Eres un buen, buen Padre, y soy amada por ti. Cuando tenga miedo de los demás o de las circunstancias, recuérdame tu bondad. Cuando sienta que no puedo enfrentarme al futuro, recuérdame que soy tu hija amada. Tú siempre eres bueno, y siempre soy amada. Estaré bien.

Dios, me doy cuenta de que cuando oro de forma regular, mi ansiedad disminuye. Confío en ti. Fortalece mi vida espiritual para que pueda liberarme de estos pensamientos angustiosos.

Autoestima

Por lo tanto, ya no hay ninguna condenación
para los que están unidos a Cristo Jesús.
ROMANOS 8:1 NVI

*E*res preciosa para tu Padre celestial. No estaba plenamente satisfecho después de crear a Adán. Dios decidió crear también a la mujer. Le dio una ayuda idónea a Adán. El Señor la sacó de la costilla de Adán y la creó a su imagen. Y te hizo a ti. Te escogió como su amada hija. Salvó tu alma y, para ello, tuvo que ver morir a su único Hijo en la cruz.

No podías ser más amada. Él te ama de forma incondicional, en tus mejores días y en los peores, exactamente del mismo modo. Él no está midiendo tu valor en función de tu aspecto externo, de la cantidad de dinero en tu cuenta o del tipo de ropa que lleves. No está contando el número de "me gustas" que recibes en las redes sociales ni el número de amigos que haces clic en tu perfil cada día.

Eres el orgullo y el gozo de tu Dios. Eres su obra maestra. Un día se reunirá contigo en el cielo. Jesús ha ido allí para preparar un lugar especial para ti. Por ahora, ríndele a Él tus problemas de autoestima.

Eres plenamente amada y no necesitas que nadie más te quiera. Perteneces al Dios del universo. Él abraza a su hija fuerte, y pide que le llames *Abba*, que significa "papi". Halla tu valor en Él y solo en Él.

Dios, quiero cambiar mi baja autoestima por una "Cristoestima". Crea mi confianza en quien soy por medio de Cristo. Lucho con los oscuros poderes del mal, pero tú eres superior a ellos (Efesios 6:12). Recuérdame mi salvación y mi gran valor en Cristo Jesús.

Padre, no estoy segura del motivo por el que me siento tan mal conmigo misma. Por favor, examina mi corazón y revélame las formas en las que deben cambiar mis actitudes con respecto a mí misma. Quiero ser una mujer de Dios que tenga confianza y que sea libre de compartir a Cristo con aquellos que me rodean.

Tú me tejiste en el vientre de mi madre. Estoy terrible y maravillosamente creada. Maravillosas son tus obras, Dios Creador (Salmo 139:13-14).

Dios, tú no miras el aspecto externo sino el corazón. Tú no te preocupas por mi altura o mi peso. Tú no ves como los hombres. Tú ves quién soy por dentro. Recuérdame que mi corazón es lo que más importa. Gracias por amarme de la forma en que lo haces, Señor.

¡Hay tanta presión en la sociedad para que me vea y me vista de una forma determinada! ¡Sencillamente no puedo seguir el ritmo! Dios, tú nos dices en tu Palabra que nuestro adorno debería estar en la persona oculta que somos en el corazón, un espíritu amable y tranquilo, precioso a tus ojos (1 Pedro 3:3-4). ¡Recuérdame que la apariencia externa no es tan buena como parece!

Tú conoces el número de cabellos que hay en mi cabeza (Lucas 12:7). Me creaste a tu imagen (Génesis 1:27). El encanto es engañoso y la belleza es vana, pero una mujer que teme al Señor debe ser alabada (Proverbios 31:30).

Miro a mi alrededor, a mis amigas, a mi esposo e incluso a mis propios hijos. Todos parecen tener dones y capacidades maravillosos. ¿Cuál es el mío? Sé que hago mucho para ayudar a los demás, pero a veces desearía tener una hermosa voz para cantar o un gran talento en los deportes o en el arte. Padre, ayúdame a encontrar mis dones y a usarlos para tu gloria. Y ayúdame a recordar que para ti soy de gran valor (Mateo 10:31).

Carga financiera

Así que mi Dios les proveerá de todo lo que necesiten,
conforme a las gloriosas riquezas que tiene en Cristo Jesús.
FILIPENSES 4:19 NVI

*C*uando miras por la ventana durante la mañana
y ves revolotear a los pájaros, ¿acaso ves temor o
preocupación en sus ojos? ¿Tiemblan las flores
de preocupación por su supervivencia? ¡Qué
tontería! ¡Por supuesto que no! Dios envía la lluvia.
Él proporciona comida a los pájaros. Él alimenta
a las flores por medio de la tierra en la que están
plantadas. ¡Cuánto más se preocupará por ti! Tú eres
su hija preciosa, comprada con la sangre de Jesús.

Cuando el dinero esté justo, pídele a Dios
que lo estire. Sigue viviendo y dando. Elabora un
presupuesto y sé consciente de tus gastos, pero
recuerda que en última instancia es Dios quien tiene
el control, y suplirá tus necesidades. Puedes confiar
en Él.

Jesús, el dinero está justo. Parece que me quedo sin dinero antes de que acaben los días del mes. Por favor, toma lo que tengo y estíralo. Dame sabiduría en mis gastos y en las cosas que puedo recortar. Por último, ayúdame a confiar en ti con este dinero. De todas formas, todo te pertenece a ti.

Señor, del mismo modo que cuidas de los lirios del campo y de las aves del cielo, tú te ocuparás de mí. Tú conoces mis necesidades. No tengo que apurarme ni que preocuparme en exceso por el dinero. Simplemente necesito entregarte esta carga y confiar en ti. Ya lo has conseguido antes para mí, y lo volverás a hacer otra vez. Gracias por cuidar tan bien de mí (Mateo 6:28-33).

Amado Jesús, ayúdame a continuar dando incluso cuando no hay tanto en mi cuenta bancaria. Sé que dar es una bendición para los demás, pero también es una bendición para aquel que da. Sé que tú proveerás para mí mientras yo sigo obedeciendo tu mandamiento de dar en mi vida (Lucas 6:38).

Señor, no he sido sabia con el dinero. Sabes que he gastado en cosas que no te honran. Ayúdame a tomar mejores decisiones mientras avanzo. Quiero hacerlo mejor, y deseo honrarte con mis gastos. Tú eres el dador de toda buena dádiva. Dame autocontrol para que pueda utilizar mi dinero de formas que fomenten tu reino, y para no gastarlo en cosas del mundo.

Ayúdame a contentarme en lo mucho o en lo poco. Mi cuenta bancaria no define quién soy ni el grado de felicidad en mi vida. Ya sea que me encuentre rica o pobre, ayúdame a honrarte y a estar agradecida a ti por lo que tengo (Filipenses 4:11-13, 19).

Señor, te entrego mi economía. Debería haberlo hecho hace mucho tiempo. Pensaba que tenía el dinero bajo control, pero no es así. Comenzó a alejarse de mí poco a poco, y aquí estoy con una deuda que no solo me está devorando a mí, sino a mi familia conmigo. Perdóname y ayúdame, Dios. Te lo entrego todo a ti, y te pido que me ayudes a solucionarlo y a desempeñar mejor mi responsabilidad financiera en el futuro. Quiero que mi familia te honre en cada ámbito, incluida nuestra economía.

Celos

Las obras de la naturaleza pecaminosa se conocen bien: inmoralidad sexual, impureza y libertinaje; idolatría y brujería; odio, discordia, celos, arrebatos de ira, rivalidades, disensiones, sectarismos y envidia; borracheras, orgías, y otras cosas parecidas. Les advierto ahora, como antes lo hice, que los que practican tales cosas no heredarán el reino de Dios.

GÁLATAS 5:19-21 NVI

Una de las primeras palabras que pronuncia una niñita es "mío". Somos rápidas en anunciar lo que nos pertenece ¡y quizá incluso más veloces en querer lo que no es nuestro! La mujer que observa con envidia lo que posee su amiga es como el niño pequeño que agarra el juguete de otro.

¿Estás luchando contra los celos? Al principio es algo sutil, pero si no prestas atención se pueden apoderar de toda tu vida.

Cuando sientas que ese pequeño monstruo verde se está infiltrando sigilosamente en tus pensamientos, pronuncia una oración. Dile a Dios que estás agradecida por tu amiga, y pídele que te dé un corazón que celebre sus victorias y se alegre por sus logros.

Señor, tú conoces los deseos de mi corazón. Ayúdame a alegrarme por los demás cuando tengan éxito, reciban bendiciones o recompensas. No quiero estar amargada por las victorias de los demás por no haber cumplido aún todos los anhelos de mi propia vida. Padre, ayúdame mientras lucho contra los celos.

Dios, admito que a veces siento envidia cuando miro a otras mujeres. Contemplo la vida de las demás, y me sorprendo deseando lo que ellas tienen, cuando debería apreciar mis propias bendiciones. Mantenme centrada en las cosas positivas de mi vida, esas cosas que los demás podrían desear y que me han sido dadas a mí. Es posible que sean cosas que yo doy por sentado que los demás desearían tener. Te pido que cambies mi envidia por un corazón agradecido.

Dios, recuerdo la historia de José y su túnica de colores. Los hermanos de José estaban celosos de él, y lo vendieron como esclavo. Tú estuviste con él todo el tiempo, y le rescataste. Le mostraste favor y le diste una gran sabiduría. Lo levantaste como líder en Egipto, a pesar de las intenciones de sus hermanos. Obra también en mi vida, Padre. Estoy siendo maltratada por los celos de alguien. Escapa a mi control, pero nada queda fuera del tuyo. Te pido que obres en mi favor (Hechos 7:9-10).

Padre, sé que eres un Dios celoso. Tú deseas que no tenga otros dioses por encima de ti. ¿Dónde estoy gastando la mayoría de mi tiempo y de mi dinero? Es posible que sean ámbitos de mi vida que necesiten un examen minucioso. Por favor, ayúdame a eliminar todo lo que amenace con ser un dios en mi vida.

Recuerdo la vieja canción que ofrece este consejo: "Mira lo que el cielo para ti guardó- Cuenta las riquezas que el Señor te dio. ¡Bendiciones cuántas tienes ya! Bendiciones, te sorprenderás cuando veas lo que Dios por ti hará". No existe otro momento como el presente para hacer una pausa y hacer eso exactamente. Padre, gracias por cada una de estas bendiciones en mi vida. Gracias por _____ (haz una lista de las bendiciones en tu vida). Soy muy bendecida.

Señor, veo las familias de mis amigas en las redes sociales. Todas ellas se ven tan perfectas y felices. Mientras tanto, la mía tiene dificultades. Veo sus fotos de perfil. Parecen tan bonitas y tan conjuntadas. ¡Yo no me veo nunca así! He ganado peso, y me veo más vieja estos días. Es tan fácil para mí compararme con las demás.

Por favor, ayúdame a percatarme de que aunque mi vida no es perfecta, ¡tampoco lo son las suyas! Ayúdame a no ponerme celosa de mis amigas, sino a orar por ellas y a reconocer las bendiciones que hay en mi vida.

Culpa

Dichoso aquel a quien se le perdonan sus
transgresiones, a quien se le borran sus pecados.
SALMO 32:1 NVI

El Señor perdona. Él es tu refugio. No dejará que
te alcancen las aguas ni que te rebasen. Él mantiene
sus ojos amorosos sobre ti, te guía y te instruye. Te
protege de los problemas y te rodea con canciones de
liberación.

Todas estas son promesas que se encuentran en
el salmo 32. Reclama esta libertad y esta victoria en
Jesús; tu parte consiste, simplemente, en confesar.
Suena bastante fácil... pero a veces llevamos una
culpa innecesaria durante demasiado tiempo,
cuando hemos hecho algo mal.

Aprende a correr a Dios. Sé sincera con Él. Él
ha visto tu pecado. Él te conoce por completo. No
hay iniquidad oculta para Dios. A veces, confesar
la culpa es algo muy difícil y emocional para una
mujer. Sin embargo, no debemos evitarlo. Del
mismo modo que nos sumimos en la rebeldía que
nos condujo hasta aquí, debemos hundirnos en
los brazos perdonadores de nuestro Señor. ¡Qué
consuelo se puede hallar en los brazos de Jesús!

Jesús, tú pagaste una deuda que yo no podía pagar. Era culpable de pecado. Tú eras un cordero sin mancha, sin culpa. Cargaste sobre tus hombros el pecado de todo el mundo. Moriste de una muerte horrible, siendo el inocente Hijo de Dios, para abrir un camino y que los pecadores culpables como yo viniéramos a la presencia de un Dios santo. Estaré eternamente agradecida por pagar mi deuda.

Señor, recuérdame hoy que no puedo cambiar el pasado. Me siento culpable por las cosas que he hecho y por la gente a la que le he hecho daño. Transforma estos sentimientos de culpa en ánimo para avanzar como una mujer cambiada. Revolcarme en mi culpa no me hará ningún bien, pero sí me beneficiará pedirte las fuerzas para hacerlo mejor en el futuro.

Te confieso mi pecado en estos momentos, amoroso Señor. Me postro ante ti, cansada por la carga que he llevado. La libero toda en ti. Siento mucho mi pecado. Me hiere el corazón saber que mi pecado te hizo daño y te desagradó. Levanta esta carga de culpa, Salvador mío. Te ruego que me perdones.

Señor, cuando a veces me siento culpable, las cosas resultan de otro modo. Me enfado. Soy brusca con aquellos a quienes amo. Evito a las personas o los lugares que me recuerdan mi pecado. Todas estas cosas afectan a los demás que me rodean. No son sanas para mi matrimonio ni fortalecen mi vínculo con mis hijos o con mis nietos. Mis compañeros de trabajo también sufren. Padre, te suplico que me perdones y que me ayudes a caminar como hija perdonada del Rey mientras avanzo.

Gracias, Señor, por no imputarme mi pecado. Gracias por lavarme y dejarme tan blanca como la nieve por medio de la sangre de Jesús. No tengo que agachar la cabeza por la vergüenza o la culpa. Jesús murió una sola vez y para todos. Como un quitamanchas sobrenatural, Él quitó mi culpa. ¡Aleluya! Soy libre.

Padre, sé que no puedo seguir tus leyes de una forma perfecta. Si quebranto aunque solo sea una ley, he como si las hubiera quebrantado todas (Santiago 2:10). Por eso necesito a Jesús. Te pido que me perdones y me despiertes mañana preparada para enfrentarme a un nuevo día.

Señor, gracias porque cuando me miras me ves a través de la lente de Jesús. Perfecta y sin culpa, vestida en justicia, perdonada y libre.

Debilidad

En cambio, los que confían en el Señor encontrarán
nuevas fuerzas; volarán alto, como con alas de águila.
Correrán y no se cansarán; caminarán y no desmayarán.
Isaías 40:31 NTV

¿Has ido al gimnasio últimamente? ¿Has observado fijamente a los culturistas que levantan enormes pesas y sudan corriendo uno o dos kilómetros en la cinta de andar? A veces es difícil no quedarse mirando. ¡Su fuerza es increíble! Los músculos de sus brazos son abultados y definidos. Están concentrados y, sobre todo, se han condicionado día tras día para estar lo suficientemente fuerte como para levantar semejante peso.

Dios es más fuerte que cualquier culturista. Es lo suficientemente poderoso como para que el mundo se generara por su palabra. Abrió el mar y permitió que su pueblo caminara sobre tierra seca, y luego volvió a cerrarlo y aplastó a sus enemigos. Su toque puede causar que el ciego vea y que el sordo oiga. Él es fuerte en tu debilidad.

Señor, tú ves mi debilidad. Tú conoces las áreas en las que tengo conflictos. Pero todo lo puedo en ti, que me das fuerzas (Filipenses 4:13).

Padre celestial, te pido que me fortalezcas. Que mi fuerza proceda de tu poder (Efesios 6:10).

Quiero alzar el vuelo como las águilas. Señor, yo las observo. ¡Toman el vuelo y se elevan sobre la tierra con tanta facilidad! Quiero que mi espíritu sea ligero y libre de nuevo. Me siento tan impotente en esta situación. Soy débil, pero tú eres fuerte. Sé mi fuerza hoy. Te lo pido en el poderoso nombre de tu Hijo, Jesús.

Hoy te ruego que vayas delante de mí. En cada momento de debilidad te pido que aparezcas para proporcionarme una fuerza sobrenatural. Trae éxito allá donde falle. Afiánzame donde esté perdiendo el control. Levántame en el ámbito en el que esté desanimada. Confiaré en ti.

Algunos confían en carros y caballos. Yo confío en el nombre del Señor mi Dios (Salmo 20:7). Elijo caminar en la fuerza de mi Salvador. Escojo descansar en mi Redentor. Elijo resistir gracias a Emmanuel, Dios con nosotros. Dios delante mí. Dios conmigo. Dios a mi lado.

Decepción

Aunque la higuera no florezca, ni haya frutos en las
vides; aunque falle la cosecha del olivo, y los campos no
produzcan alimentos; aunque en el aprisco no haya ovejas, ni
ganado alguno en los establos; aun así, yo me regocijaré
en el Señor, ¡me alegraré en Dios, mi libertador!
HABACUC 3:17-18 NVI

*T*u decepción puede estar relacionada con los demás
o con las circunstancias que superan tu control.
Incluso podrían tener que ver contigo. Tal vez
habías esperado estar casada ya y, sin embargo, ni
siquiera hay perspectiva de ello. A lo mejor tenías
aspiraciones profesionales que han sido dejadas de
lado debido a tus responsabilidades como esposa o
madre soltera. Te imaginaste tu vida de una forma,
pero la estás viviendo de otra.

La decepción es una parte de la vida. Lo que
marca la diferencia es tu forma de responder ante
ella. ¿Te hundirás cuando las cosas no vayan como
tú quieres? ¿Te revolcarás en la autocompasión o
la desesperación? ¿O alabarás a tu Padre celestial
que promete que todas las cosas ayudan a bien en tu
vida? Alábale incluso cuando nada parezca ir bien.
Las puertas cerradas conducen a ventanas abiertas.
Dios no ha acabado todavía contigo.

Padre, no me encuentro donde creía que estaría en la vida. Imaginaba las cosas de una forma diferente. Sabía que no llegaría un príncipe montado en su caballo blanco, pero nunca esperé que mi realidad fuera tan mundana. Hay platos por lavar y una casa que mantener limpia. Las montañas de ropa sucia me rodean. Te pido que todo cuanto haga hoy sea como si lo hiciera para ti. Dame contentamiento en medio de la decepción.

Señor, tú sabes que las cosas no han salido como yo quería. Viste el sueño cuando crecía dentro de mi corazón. Observaste cómo me hacía ilusiones. Estabas ahí mientras yo aguantaba la respiración y esperaba la respuesta que deseaba con tanta urgencia. Me pregunto por qué dejaste que todo se deslizara entre mis dedos. Recuérdame que tus caminos son más altos que los míos (Isaías 55:8-9) y que tú siempre tienes en mente lo que es mejor para mí.

Jesús, esta prueba parece más bien un callejón sin salida que un simple bache en el camino. ¡Estoy tan decepcionada! Sin embargo sé que esta prueba fortalecerá mi fe, me infundirá perseverancia y me ayudará a lograr la integridad (Santiago 1:2-4). Por favor, usa incluso las decepciones de mi vida para hacerme más como tú.

Así como María y Marta te esperaban para venir y sanar a Lázaro, mi boca se desencaja cuando no apareces para rescatarme o no me provees lo que deseo. Recuérdame que nunca te adelantas ni te retrasas, sino que siempre actúas en el momento adecuado. Lo que parece decepción es solo un desvío que me llevará a algo mayor.

Padre, cuando cierras una puerta en mi vida, siempre abres otra. ¡Ahora mismo estoy tan obsesionada con esta pieza del puzle! Sin embargo, tú ves la imagen completa. Tú sabes qué es lo mejor. Ayúdame a buscar tu voluntad.

¡Algunos confían en carros, o en la vida actual, en los "me gusta" de las redes sociales o en los ascensos en el trabajo! Yo elijo confiar en el Señor mi Dios. Cuando me sienta defraudada y decepcionada, recuérdame que tú eres mi fuerza y mi fortaleza. Soy más que vencedora por medio de Cristo.

Señor, me gusta la canción que dice "Tú eres más que suficiente para mí". Quiero que sea verdad en mi vida. Cuando mi esposo me defrauda, cuando mis hijos me frustran, cuando mi trabajo es un desastre, tú eres más que suficiente. Por favor, enséñame a agarrarme suavemente a las cosas de este mundo para que pueda poner mi esperanza solo en ti.

Depresión

Me sacó de la fosa de la muerte, del lodo y del pantano;
puso mis pies sobre una roca,
y me plantó en terreno firme.
SALMO 40:2 NVI

¿Alguna vez has estado en una casa oscura que no te resultaba familiar? A lo mejor estabas visitando a una amiga o a un pariente y tuviste que levantarte en la noche para ir al cuarto de baño. Tropiezas con todo, chocas contra los muebles y las paredes. No conoces el camino en medio de la oscuridad.

Cuando llegas allí y enciendes la luz, todo se hace mucho más claro. Recuerdas que la cómoda está situada justo al lado de la puerta, y puedes volver a ver que la encimera sobresale un poco más en ese punto.

La depresión es así. Cuando llegas airosa hasta el otro lado (y lo harás, con ayuda y con tiempo), las cosas parecerán más claras. Ahora mismo, cuando se diría que tu vida está cubierta de oscuridad, confía sencillamente en ver en la oscuridad lo mismo que has visto en la Luz. Aférrate a Jesús.

Dios, he estado antes aquí. Deprimida. Sé que la última vez llegó un día más brillante. Tú me sacaste fuera del pozo. Quitaste el velo, y volviste a revelar el gozo de nuevo… al principio fue lentamente y, después, llegó el día en el que apenas pude recordar el estado de depresión en el que había estado durante tanto tiempo. Bendíceme de nuevo con una recuperación. Te pido que sanes mi mente y mi corazón.

No puedo imaginar cantar. Apenas puedo ducharme y ocuparme de las tareas del día. Pero tengo fe en ti Señor. Un día habré dejado atrás la depresión, y cantaré un nuevo cántico. Contaré cómo me sanaste y me levantaste. Cantaré un nuevo cántico y será un cántico de gozo y liberación (Salmo 40:1-3).

Padre celestial, ¿por qué está mi alma tan desanimada? ¿Por qué siento tanto trastorno? Ayúdame a esperar en ti. Sé que volveré a alabarte, pues tú eres mi salvación y mi Dios (Salmo 42:11).

Este no es mi hogar. Este mundo está lleno de problemas, incluida la depresión. Pero tú, Jesús, has vencido al mundo. Un día experimentaré una existencia en el cielo que no incluya el dolor de la oscuridad ni este sentimiento enfermizo de desesperación. Será un lugar de gran esperanza. Por ahora, existen los problemas. Tú caminarás con nosotros por medio de ellos. Mantendré mis ojos en ti, y un día estaré plenamente y para siempre liberada de estos episodios de depresión. ¡Ese será un día glorioso! (Juan 16:33).

Dios, dame sabiduría. No siempre sé lo que es mejor, y todo el mundo tiene una opinión diferente sobre cosas como la orientación y la medicación. Sé que necesito ayuda, y admitirlo es el primer paso. Ayúdame a tener presencia de ánimo, incluso en mi depresión, para tomar las mejores decisiones que me ayudarán a estar bien.

Señor, me siento como una fracasada. Como una perdedora. Una mala cristiana. Siento que soy una empleada horrible por mi falta de enfoque. Me siento como una esposa y madre lamentables, por la tristeza que me embarga todo el tiempo. Me siento apaleada. Por favor, recuérdame mi identidad en Jesucristo. Reclamo hoy que soy profundamente amada y que no soy un fracaso. Trae ahora sanidad a mi mente, Jesús, del mismo modo en que sanaste los cuerpos de aquellos que se atrevieron a alcanzar y tocar tu manto.

Desconfianza

Confiaré en él y no temeré.

ISAÍAS 12:2 NVI

Confiar es complicado. Es algo que se aprende.
Y una vez que uno aprende a retener la confianza,
esa desconfianza es difícil de "desaprender".
Aprendemos a confiar en nuestros padres o
cuidadores. Si no demuestran ser dignos de
confianza, nuestro sentido de estabilidad se ve
sacudido. Es posible que se trate de un esposo en
el que confiabas y que te defraudó, o de una amiga
querida que se convirtió en alguien que no sabías
que podía llegar a ser.

Dios quiere que aprendas a confiar de una
forma sana, con límites. Él conoce el dolor que
has experimentado y el miedo que tienes de volver
a confiar en alguien de nuevo. Sin embargo, no se
puede vivir así. Es como vivir en una prisión a pesar
de no estar físicamente tras unos barrotes.

Confía hoy en Dios. Él siempre es fiel. Él sanará
las partes de ti que tengan problemas para confiar.

Dios, confié una vez, pero fui defraudada y traicionada. No sé si podré volver a abrir de nuevo mi corazón a alguien. Lo he intentado, pero sigo levantando muros una y otra vez. Te ruego que me ayudes a confiar en ti para que pueda aprender a confiar en los demás.

Señor, afirmo confiar en ti, pero en mi interior me sigo aferrando a las riendas. No rendiré por completo todo el control sobre mi vida. Intento controlar lo que ocurre en mi trabajo y en mi familia. No delego bien, porque no confío en que los demás estén ahí para mí. Simplemente intento hacerlo todo por mí misma, pero ¡no funciona! Ayúdame a confiar para que pueda depender de los demás y de ti, Señor. Sin confianza, la vida es solitaria y difícil.

Sé que una vida abundante me aguarda. A veces veo destellos. Empiezo a tomar compromisos y decisiones, pero después ¡vuelvo a correr como un ratón a mi agujero! ¿Cómo puedo tener la certeza de que las cosas terminarán bien? ¿Cómo puedo confiar en que estas personas no cambiarán de opinión o me abandonarán? Estoy cansada de vivir así. Por favor, ayúdame a aprender a confiar.

Señor, siento que debería disculparme contigo por no confiar en ti. Tú eres el Creador del universo, y tú me creaste. Lo creo. Sé que incluso a pesar de que solo veo en parte, tú me conoces por completo. Y, sin embargo, ¿cómo puede parecer que no confío en que conozcas los planes que tienes para mí? Ayúdame a relajarme y a creer que tú tienes un futuro brillante reservado, planes para traerme esperanza y no daño (Jeremías 29:11).

Padre, quiero confiar en ti con todo mi corazón. Quiero aprender a apoyarme no en lo que yo comprendo, sino en todas mis formas de reconocerte y de rendirme a tu voluntad. Sé que cuando confíe en ti, tú enderezarás todos mis caminos delante de mí. Me guiarás y nunca me dejarás ir (Proverbios 3:5-6).

Padre, en mi círculo existen aquellos en los que puedo y en los que debería confiar. También hay algunos de los que no puedo ni debo fiarme. Concédeme el discernimiento en este ámbito para que pueda distinguir la diferencia. Necesito saber cuándo confiar y cuándo guardar mi corazón, pero no siempre es fácil detectar a los lobos vestidos de corderos. Te pido que me muestres a las personas en las que debería confiar (Salmo 5:9), y que me ayudes a mantenerme bien lejos de los que desean herirme.

Descontento

*Sé lo que es vivir en la pobreza, y lo que es vivir en la
abundancia. He aprendido a vivir en todas y cada una
de las circunstancias, tanto a quedar saciado como a
pasar hambre, a tener de sobra como a sufrir escasez.*
FILIPENSES 4:12 NVI

Incluso el apóstol Pablo tuvo que *aprender* el secreto
de estar satisfecho. No era algo natural o innato;
más bien, se *aprendía*. Cuando nos enfrentamos a
circunstancias poco deseables, y encontramos con
que Dios está en medio de nuestra decepción, somos
fortalecidas en nuestra fe. ¿Puedes mirar atrás, hacia
otro momento de tu vida, ya sea hace mucho tiempo
o bastante reciente, en el que Dios estuvo ahí para
ti? Él se está ocupando de abrir un camino donde
parece que no hay más que un callejón sin salida. Así
es como obra nuestro Dios.

Por tanto, durante este periodo de carencia o
de desesperación, mira hacia arriba. En este agujero
de desesperanza, reclama esperanza en Cristo, tu
Redentor. Puede parecer que te ha tocado la pajita
más corta o que la vida no es otra cosa que una
broma cruel. Tal vez hoy no estés cerca de donde
quieres estar. Pero confía en el corazón de Dios. Él
está obrando su plan en tu vida.

Dios, cuando veo a alguien que es mayor o está enfermo, o que sufre de alguna discapacidad, a menudo me encuentro en sus ojos un sentido de contentamiento. Lo veo en la forma en que sonríe u ofrece una palabra de ánimo a otra persona, aun a pesar de que ellos no están tan bien. Ayúdame a hallar ese tipo de contentamiento. No creo que mi rostro refleje paz. Padre, también quiero eso.

Tú eras el Rey del universo y, sin embargo, estabas contento de yacer en un pesebre cuando eras un bebé. Estabas satisfecho de vivir una vida adulta en la que nunca tendrías un verdadero lugar al que llamar hogar. Te contentabas con el papel que Dios te asignó. Aquella noche en el jardín, le pediste que apartara de ti la copa y, aun así, estabas contento de llevar tu cruz al Calvario por mí, si esa era la voluntad de Dios... y lo fue.

Dios, sé que el contentamiento comienza con una actitud de cambio. No he sido capaz de conseguirlo. A veces veo destellos, pero mi panorama general es desolador, sin sol. Necesito hallar un lugar de contentamiento. Muéstrame el camino. Parece tan abrumador, tan fuera de alcance. Muéstrame solo un pequeño paso que pueda dar hoy para llegar a estar más satisfecha.

Las circunstancias dictan mi nivel de contentamiento. No debería ser de ese modo pero, sinceramente, lo es. Cuando ocurren buenas cosas, soy una cristiana feliz, te alabo en la iglesia, canto y oro durante la semana. Cuando llegan los momentos difíciles, te culpo. Pregunto dónde estás. Me alejo. Lo divertido es que cuando regreso de nuevo, siempre estás ahí. No te has movido. Soy yo la inconstante. Crea en mí un espíritu de mayor contentamiento para que pueda serte fiel a ti sin importar mi situación o etapa en la vida.

Dios, ayúdame a aguantar y a "fingir hasta que lo consiga". Cuando te exprese mi gratitud por todas tus bendiciones, ayúdame para que mi descontento se deshaga en una apreciación de tu provisión. Si tengo que obligarme a darte las gracias por tres cosas cada día, lo haré, Padre. Con el tiempo, creo que puedes cambiar mi corazón.

Dios, gracias porque tú prometes en tu Palabra que nunca retendrás una buena dádiva perfecta de quienes caminen contigo (Salmo 84:11). Mis emociones se están apoderando de mí últimamente. Empiezo a creer, a veces, que no quieres verme feliz. ¡Se diría que quieres alejarme de mis sueños! Sin embargo, sé que puedo confiar en tu corazón, y que eso es lo que Satanás quiere que crea. Ayúdame a confiar en que tú tienes el control, y que aunque tú has cerrado estas puertas, ciertamente abrirás las correctas que estás preparando para mí.

Discapacidades

En esto, una mujer que hacía doce años que padecía de
hemorragias se le acercó por detrás y le tocó el borde del
manto. Pensaba: «Si al menos logro tocar su manto, quedaré
sana». Jesús se dio vuelta, la vio y le dijo: "¡Ánimo, hija! Tu
fe te ha sanado. Y la mujer quedó sana en aquel momento".
MATEO 9:20-22 NVI

*E*lla extendió su mano, y tocó el borde del manto de
Jesús. Era una mujer que había estado viviendo con
una enfermedad durante muchos años. Sabía lo que
era ser excluida, sufrir y anhelar una vida diferente.
Jesús la sanó en un instante debido a su gran fe.

Dios escogió sanar a algunos de sus
enfermedades y de sus discapacidades en esta vida, y
a otros los sanará cuando entren un día en el cielo.
Sabemos que llegará el momento en que tendremos
cuerpos espirituales nuevos, sin defectos. No habrá
más dolor ni llanto en el cielo. El ciego verá. El cojo
andará. El sordo oirá.

Las discapacidades acercan a los hombres y a las
mujeres a Dios. Aquellos que tienen minusvalías
deben depender de Él como los demás dependen
de sí mismos. Es bueno aprender a tener una
dependencia completa de Dios y a vivirla en esta vida.

Señor, a veces pienso que me da miedo aquello que no entiendo. Veo a las personas con ciertas discapacidades y no estoy segura de cómo reaccionar. Por favor, ayúdame a ser amorosa y amable, a tratar a los demás con respeto y como me gustaría que me tratasen a mí. Tú nos amas a todas, sin importar nuestra raza, nuestra edad o si tenemos una discapacidad o no. Cada una de nosotras estamos hechas a tu imagen.

Señor, siento como si estuviera en una montaña rusa con esta discapacidad. Algunos días, mis emociones son estables y me siento bien. Otros días me siento lejos de los "normal", y solo desearía poder hacer las tareas diarias que otros realizan de una forma tan fácil. Por favor, apacigua mis pensamientos y sentimientos. Ayúdame a confiar en que tú suplirás mis necesidades, incluso con esta discapacidad, día a día.

Padre, tú eres un gran médico. Ya sea que decidas sanarme en esta vida o esperar hasta que esté en el cielo con un cuerpo totalmente nuevo, yo confío en ti. Sé que usarás este ámbito de mi vida para acercarme a ti. Mi fe es más fuerte, porque debo mirarte cada día. Acércame a ti, y recuérdame que tú eres mi confianza.

Querido Padre celestial, a veces siento que lo único que puedo hacer es tratar con esta discapacidad. Siento que la vida cotidiana es, en cierto modo, una carrera de obstáculos para mí. Observo a aquellos que no tienen discapacidades, y veo que siento envidia. Te ruego que me recuerdes que todo el mundo que conozco está luchando en algún tipo de batalla. Todas somos criaturas imperfectas y débiles, necesitadas de un Dios fuerte que nos lleve. Gracias por ser mi Salvador y mi amigo.

Sé que la gente me considera alguien diferente y algunos sienten lástima de mí. Puedo percibir cuando me miran fijamente. Algunos me miran con tristeza como si no supieran qué decir. Dios, quiero darte las gracias por mis diferencias, incluso a pesar de que a veces sean un verdadero reto. Me hacen más sensible para con aquellos que me rodean. Me doy cuenta de que todas tenemos necesidades especiales. Algunas están en el exterior y otras ocultas, en el interior. Ayúdame a mirar a los demás con una sonrisa y una mirada amables.

Padre, quiero ayudar a aquellos que sufren discapacidades. Muéstrame lo que puedo hacer aun cuando parezca un pequeño gesto. Guíame hacia una oportunidad dentro de mi iglesia o de mi comunidad. Quizá podría cuidar a niños con necesidades especiales mientras sus padres asisten al estudio bíblico. Tal vez podría ayudar en las Olimpiadas Especiales. Te pido que dirijas mi camino.

Discordia en la iglesia

Hay seis cosas que el Señor odia, no, son siete las que detesta: los ojos arrogantes, la lengua mentirosa, las manos que matan al inocente, el corazón que trama el mal, los pies que corren a hacer lo malo, el testigo falso que respira mentiras y el que siembra discordia en una familia.

PROVERBIOS 6:16-19 NTV

Se supone que la iglesia debe ser un lugar seguro, Dios. Es posible que a veces no haya habido diferencia entre ella y el mundo en algunos sentidos, y esto puede traer desilusión y decepción. La política y el favoritismo que se manifiestan en ocasiones dentro de las paredes de la iglesia no concuerdan con los principios de la Palabra de Dios. Cuando experimentas dolor por la discordia en la iglesia, resistes a la tentación de retirarte, señalar con el dedo, y llamar "hipócritas" a esos que están alrededor de ti en comunión. De eso no sale nada bueno. Dios desea que formes parte de la solución en lugar de contribuir al problema. Pídele que te muestre con claridad las cosas en las que puedes marcar la diferencia. Todas las iglesias necesitan crecer en este ámbito. Como creyentes, es necesario que recordemos nuestra pertenencia a la familia de Dios, al cuerpo de Cristo. Tenemos que ser la luz en la oscuridad. No podemos hacerlo si no estamos viviendo en unidad.

Jesús, quiero ser una mujer piadosa. Cuando estoy trabajando con otros es muy difícil para mí evitar las discusiones, incluso en el escenario de la iglesia. Ayúdame a tener una actitud de amor.

Señor, a menudo no me doy cuenta de que al prestar oído a los chismes estoy siendo parte del problema. Me interesa lo que me están diciendo, y eso me arrastra lentamente. Sin darme ni cuenta comento y hago suposiciones. En ocasiones, hasta paso una información de la que no tengo seguridad respecto a su veracidad. Padre, te lo ruego, ayúdame a llamar darle a esto el nombre que tiene. Chismorrear. Esto no cabe dentro de mi familia de la iglesia. Por favor, ayúdame a percatarme con mayor rapidez que me estoy involucrando, y dame la fuerza para mantenerme fuera del asunto.

Padre celestial, ayúdame a fortalecer a los demás en lugar de desanimarlos.

Señor, es difícil para mí ceder cuando tengo una fuerte opinión de cómo se debería hacer algo. Puede ser en el ministerio infantil o incluso en algo tan simple como la forma en que se deberían colocar los platos en una cena de iglesia. Recuérdame que estos son asuntos triviales, y que importa mucho más mi capacidad de llevarme bien con las demás mujeres en la comunión de mi iglesia.

Dios, si discutimos dentro de nuestra familia de la iglesia, ¿cómo nos diferenciamos del mundo? A diario, este nos envía mensaje que giran en torno al egocentrismo. *Hazlo si te hace sentir bien. Hazlo como quieras. Solo hazlo.* Tus caminos no son los caminos del mundo; por tanto, nuestra iglesia debería destacar como un lugar santo que orbita en torno al amor.

La gente busca la paz. No pueden hallarla en el mundo. Tú nos has dicho que la verdadera paz solo puede venir de ti, Dios Soberano. Te pido que del mismo modo que la iglesia primitiva aumentaba en número durante un periodo de paz, mi iglesia busque trabajar con humildad, unida en amor y consideración para que podamos agradarte. Ayúdanos a ser una iglesia pacífica para que los perdidos puedan entrar por nuestras puertas y hallar aquí a Jesús.

Quiero plantar semillas de amabilidad, gozo y verdades espirituales. Quiero ser parte de algo más grande que yo misma. Quiero usar mis dones para impulsar el reino, Jesús. Ayúdame a no sembrar nunca semillas de discordia en mi iglesia.

Jesús, ¿cómo podemos servirte cuando no nos estamos sirviendo unos a otros? Da un corazón de servicio a las mujeres de mi iglesia. Establece ante nosotras una imagen de ti lavando los pies de tus discípulos. Haz que podamos servirnos las unas a las otras. Que podamos servir infatigablemente como Martas en tu iglesia y, sin embargo, no estar demasiado distraídas para poder sentarnos a tus pies como María.

Discusiones

Te repito: no te metas en discusiones necias y sin sentido
que solo inician pleitos. Un siervo del Señor no debe
andar peleando, sino que debe ser bondadoso con todos,
capaz de enseñar y paciente con las personas difíciles.

2 TIMOTEO 2:23-24 NTV

¿Recuerdas la escuela primaria? ¿Incluso la secundaria? ¡Las chicas podían ser tan maliciosas! Siempre había dramas en los pasillos, y se colaban en las clases, además de en las actividades extraescolares. Casi parecía que algunas chicas buscaban peleas a propósito.

Miramos atrás y sacudimos nuestras cabezas ante algunas de las cosas que causaban discusiones: los chicos, las notas, incluso copiar un estilo de peinado. Y, sin embargo... ¿son las cosas mucho más distintas en realidad en nuestro mundo de adultos?

¿Qué puedes "dejar ir" hoy? ¿Qué discusión puedes evitar simplemente sujetando tu lengua? ¿Podría tu compañera de piso o amiga usar una dosis de gracia? ¿Podrías dejar pasar tu oportunidad de defender tu opinión con tu marido o tu amiga? Rechaza implicarte en peleas insignificantes. Es deshonroso para tu Dios.

Dios, tu Palabra enfatiza el amor una y otra vez. En 1 Corintios leemos que es incluso mayor que la esperanza y la paz. Por favor, ayúdame a mostrar amor a los demás. No quiero tener un espíritu discutidor. Te ruego que me ayudes a ser amable y amorosa siempre, incluso cuando las cosas no sean como yo quiero.

Padre, recuérdame que yo puedo ser la única persona en las que otros vean a Jesús en toda su vida. Ayúdame, te ruego, a ser un ejemplo amoroso de lo que significa ser cristiano. Veo a creyentes que discuten la causa de Cristo de un modo tan enojado, con tanta amargura. No creo que tú quieras que lo hagamos así. De hecho, sé que no es tu voluntad.

Cuando me sienta tentada a discutir, recuérdame que permanezca en silencio. Hay un tiempo para todo (Eclesiastés 3), incluso un tiempo para hablar y un tiempo para estar en silencio.

Señor, sé que la lengua puede ser positiva o negativa. Ayúdame a usar mis palabras de forma que te brinden honor y gloria en lugar de causar discusiones insignificantes. No te complace escuchar reñir a tus hijos los unos con los otros sobre asuntos que, a la larga, en realidad no tienen importancia. Ayúdame a ser más como Jesús. Ayúdame a ser lenta en enojarme.

Quiero llevar fruto para ti en este mundo, Padre. Sé que sin pasar tiempo cada día en oración, pierdo de vista mi propósito en la tierra. Debo traerte gloria, y dirigir a los demás para que te conozcan como su Salvador personal. ¿Cómo puedo hacerlo si estoy en conflicto con aquellos que me rodean? Ayúdame a amar a las personas que tú has colocado en mi círculo de influencia. Quiero ser conocida como una pacificadora.

Proverbios advierte en contra de despertar el enojo. Señala que no traerá más que problemas. Te ruego que me ayudes a tener la fuerza de alejarme de las discusiones, Señor. Soy imperfecta, y a veces fracasaré en esto. Proporcióname la sabiduría y la paciencia necesarias para hacer frente a los resultados. Dame la humildad para ser la primera en pedir disculpas y en hacer las paces.

Sé que no quieres que codicie lo que tienen los demás (Éxodo 20:17). Los celos provocan enojo y discusión entre los hermanos y las hermanas cristianos. Ayúdame a celebrar con los demás las cosas buenas que les suceda en lugar de hacer crecer los celos o la amargura hacia ellos. Quiero que mi corazón sea justo ante ti y ante los hombres.

Disputas familiares

Sobre todo, ámense los unos a los otros profundamente,
porque el amor cubre multitud de pecados.

1 Pedro 4:8 NVI

Están las riñas familiares, y luego están las disputas
familiares. Ciertamente, cada familia tiene sus
desacuerdos y discusiones. Cuando reúnes a un
grupo de personalidades diferentes, estas cosas
ocurren. El verdadero problema se produce
cuando los desacuerdos se convierten en peleas
profundamente arraigadas que nos impiden amarnos
bien unos a otros.

Examina tu papel en la disputa familiar. ¿Eres
la instigadora? ¿Agitas el problema? ¿O te quedas
a un lado sin decir nada cuando podrías marcar la
diferencia si hablaras a aquellos que continúan la
discusión? ¿Recuerdas siquiera dónde comenzó
todo esto?

Ora para que Dios haga un cambio en el curso
del camino de tu familia. Hasta este momento, las
cosas no están yendo bien, pero Dios puede provocar
un gran cambio. Pídele que te guíe y observa cuando
intervenga para salvar a tu familia incluso de sí
misma.

Tú ofreces una paz que el mundo simplemente no puede ofrecer. Es una paz que solo proviene de un caminar personal con tu Hijo, Dios. Es una paz que mi familia necesita de forma desesperada. Por favor, bendícenos con una paz que sobrepase todo entendimiento. Te pido esto en el poderoso nombre de Jesús.

Por favor, ayúdanos a convertir nuestras barreras en puentes. Te ruego que nos ayudes a considerar las perspectivas de los demás. Dios, te pido por favor que sanes nuestras heridas. Véndalas. Cámbianos desde dentro hacia fuera. Señor, te necesitamos.

Dios, tú utilizas a las vasijas rotas. Tú usas a las familias rotas. Las familias de la Biblia estaban lejos de ser perfectas. Dios, encuentra útil para tu reino a mi familia rota. Llévanos a considerar cuánto mejor se invertiría nuestra pasión extendiendo el Evangelio en lugar de disputar entre nosotros. Hemos estado enojados durante tanto tiempo que no estoy segura de que ni siquiera recordemos cómo comenzó todo. Dios, perdónanos. Cámbianos. Te pido que nos uses.

Jesús, mi propia familia me ha hecho daño de una forma tan profunda. No tengo ganas de perdonar, pero sé que es tu mandamiento. Sé que debería perdonar setenta veces siete. Sé que no puedo ser sanada a menos que esta guerra dentro de mi familia llegue a su fin. Señor, es necesario que ocurra pronto.

Dios, ayúdame a colocarte por encima de mi familia. La familia es importante, pero sé que tú eres aún más importante. Cuando deje de encontrar valor en lo que mis familiares piensan de mí, tal vez estaré libre para amarlos y perdonarlos por las formas en las que me han hecho daño. Ayúdame a hallar mi identidad en ti.

Divorcio/Separación

Pues estoy convencido de que ni la muerte ni la vida, ni los ángeles ni los demonios, ni lo presente ni lo por venir, ni los poderes, ni lo alto ni lo profundo, ni cosa alguna en toda la creación podrá apartarnos del amor que Dios nos ha manifestado en Cristo Jesús nuestro Señor.

ROMANOS 8:38-39 NVI

Si te estás enfrentando al divorcio, independientemente de las circunstancias estás sufriendo. Es posible que sientas que esto es un fracaso o un pecado que Dios no puede redimir en tu vida, pero no es cierto. En el libro de Romanos se nos promete que Dios nunca nos abandonará. Nada, ni siquiera el divorcio, es capaz de interponerse entre tú y el amor de Dios. Eres plenamente amada a pesar de que te sientas incompleta en este punto en tu vida.

El divorcio nunca es la primera elección de Dios. No es su plan ni su deseo que los matrimonios terminen antes de que uno de los esposos sea llamado al hogar celestial. Pero por muchas razones, algunas que van más allá de nuestro control, los divorcios ocurren. Permaneces en medio de los sueños rotos por un futuro brillante con tu marido, pero Dios está preparado para ayudarte en el proceso de sanidad.

Señor, simplemente pasó. Parecía una espiral fuera de control, y después unos papeles lo legalizaron… y él se fue. Había llegado el final, y apenas tuve tiempo de decir adiós. A veces desearía que hubiera muerto. Sé que es un deseo horrible, pero supongo que la muerte es "más limpia", es un corte más definido. Este tipo de tristeza es tan confusa, porque mi marido —mi exmarido—, está vivo aún. Padre, ayúdame. Estoy tan confundida y triste.

Dios, te necesito. No puedo superar el día sin ti. Las cosas que solían parecer fáciles, rutinarias y triviales le están restando poder a mi cerebro para poder lograrlo. Todo en mi mundo se ha visto sacudido, y parece tan complicado que vuelva a salir el sol y que todo el mundo avance como si nada hubiera ocurrido. Ayúdame a superar cada día, Padre. ¡Me siento tan inútil y fuera de control!

Dios, ayúdame a no amargarme por este divorcio.
Sé que la amargura puede crecer y enconarse en mi
corazón, y que tiene la capacidad de arruinar mi
vida. He visto a otros permitir que esto ocurra, y no
quiero ser como ellos, no quiero pasarme el tiempo
hablando sobre esto, durante los años venideros.
Dame las fuerzas de hacer bien mi duelo, y después
seguir bien adelante. Gracias, Padre.

Sé que aún me amas, Dios, pero no sé por qué.
Me siento tan gastada e inútil ahora. Siento como
si todas las promesas y los sueños se hubieran
desvanecido, se hubieran acabado, hubieran
terminado. ¿Qué ocurrió? Hoy miraba fijamente
una foto de boda. ¿Adónde fueron a parar aquellas
sonrisas de felicidad? ¡Tenía tantas esperanzas en
que las cosas se hubieran desarrollado de una forma
diferente!

Señor, siento que necesito algo de ayuda. No creo que pueda dejar esto atrás sin ayuda. Si hay cierta amiga o consejero a quien debería acudir, por favor, pon a esa persona en mi camino. Te pido que me aclares si debería asistir a un grupo de apoyo. Padre, quiero sanarme y necesito ayuda.

Ayúdame a tomar decisiones sabias cuando considere en quién debería confiar con respecto a mi divorcio. Necesito hablar de ello y, sin embargo, no quiero discutirlo con todas mis amigas. No puedo revelar los detalles a todo el mundo. Ni siquiera sería lo correcto. Mi matrimonio era algo privado hasta que esto sucedió. Ahora siento que todo el mundo se está preguntando qué ocurrió y busca respuestas. Ayúdame a saber cuándo hablar y cuándo permanecer en silencio, Padre. Dame discernimiento cuando escoja a una amiga en quien poder confiar para que me escuche y sea confidencial.

Dolor crónico

*Entonces, después de que hayan sufrido un poco de
tiempo, él los restaurará, los sostendrá, los fortalecerá
y los afirmará sobre un fundamento sólido.*

1 PEDRO 5:10 NTV

Un poco de dolor de vez en cuando es normal.
Todo el mundo lo experimenta. Pero el dolor
crónico e implacable es otro asunto. Despertarse
con dolor y soportarlo a lo largo de todo el día,
irse a la cama con dolor y comenzar de nuevo al día
siguiente… no es fácil. Resulta muy agotador para el
cuerpo al que va consumiendo y, en última instancia,
para el espíritu.

La buena noticia es que Dios está siempre
contigo. Niégate a gastar el tiempo intentando
comprender por qué no te quita el dolor. Las
tragedias y las enfermedades ocurren cada día.
Vivimos en un mundo caído en el que existen el
dolor y la enfermedad. Tu dolor puede disminuir a
este lado del cielo y, si no lo hace, sabes que tienes
prometido un nuevo cuerpo perfecto en el Paraíso.

Dios está cerca. Él promete restaurarnos,
apoyarnos y fortalecernos para que incluso en medio
del dolor, estemos sobre un cimiento fuerte.

Jesús, tú fuiste por completo hombre, del mismo modo que fuiste plenamente Dios. Viniste a la tierra, y viviste una vida como uno de nosotros. Puedo volverme a ti cuando nadie más esté alrededor, incluso cuando nadie me entiende. Tú experimentaste un gran dolor. Fuiste colgado en la cruz y entregaste tu vida por mí. Moriste de una muerte dolorosa. ¡Gracias por ser mi Salvador y mi Amigo! Gracias por estar ahí para mí cada día, y por caminar conmigo en medio de este dolor.

Dios, te pido que me des sabiduría y discernimiento a la hora de buscar nuevas formas de controlar este dolor. Te doy las gracias por los profesionales médicos y por los demás que me asisten, y te ruego que los guíes mientras tratan mi dolor. A veces la enfermedad y el desconsuelo sacan lo mejor de mí. Necesito que tú estés en control y me ayudes, Padre.

Sé que nunca te pierdes ni una lágrima que ruede por mi rostro, Señor. Tú recoges mis lágrimas. Oyes mis llantos pidiendo la liberación. Un día no habrá más lágrimas. Un día correré, bailaré, y disfrutaré de un nuevo cuerpo perfecto. Pasaré la eternidad en el cielo contigo. Por ahora, recuérdame que estás cerca. Toca mi fatigado ceño. Te pido que restaures mi esperanza.

Dios, gracias por ser amoroso y lento para la ira. Incluso cuando yo me enfado contigo por no sanarme, tú permaneces fiel a mí hasta que la ira toma su curso y se sustituye por una esperanza renovada y una fe renovada. Siento mucho enfadarme. Sé que tú eres un Padre bueno, y que me amas profundamente.

Jesucristo, tú sufriste enormemente. No estoy sola en este sufrimiento. Soportar este dolor es una forma de ser partícipe de tus sufrimientos. Cuando tu gloria me sea revelada, también compartiré tu felicidad y tu gozo (1 Pedro 4:13).

Jesús, el apóstol Pedro me invita a regocijarme en el sufrimiento. Debo creer que, de algún modo, este sufrimiento producirá resistencia… y la resistencia producirá firmeza de carácter… y esa esperanza crecerá a partir de esto, una esperanza que nunca será decepcionada. Gracias por llenarme de tu Espíritu Santo (Romanos 5:3-5).

Señor, echo sobre ti la carga de este profundo dolor. Te ruego que me sustentes. Padre, te necesito como nunca antes (Salmo 55:22).

Duda

Si no sabes lo que estás haciendo, ora al Padre. A Él le encanta ayudar. Obtendrás su ayuda y no te tratará con condescendencia cuando se la solicites. Pide con valentía, creyendo, sin segundos pensamientos. Las personas que "pronuncian sus oraciones con preocupación" son como las olas del mar batidas por el viento. No creas que así vas a conseguir algo del Señor, a la deriva en el mar, conservando todas tus opciones abiertas.

Santiago 1:8 (traducción literal de la versión inglesa The Message)

¿*T*e acercas a Dios con la confianza de que Él está *contigo* y que está ahí *para* ti? ¿Crees que Él existe y que oye tus oraciones? Se nos ordena presentarnos con valentía ante el trono de nuestro Padre celestial, y reconocer plenamente su poder para hacer grandes cosas. La Biblia nos advierte en contra de la duda. A pesar de que, ciertamente, todas dudamos de vez en cuando, Dios puede ayudarte a estar segura de Él con solo pedírselo.

Se nos dice que con una fe del tamaño de un grano de mostaza, ¡en Cristo Jesús tenemos el poder de mover montañas!

Dios, perdóname por dudar de ti. No quiero ser como Tomás, quien pidió una prueba tangible. Quería ver las marcas de los clavos en tus manos antes de creerte. A veces me encuentro sintiéndome así, deseando que pudieras bajar aquí a conversar conmigo durante un rato, que me aseguraras que tienes mi futuro bajo control. Tu Palabra me proporciona todas las promesas que necesito. Lo sé. Quiero creer. Ayuda a mi incredulidad (Marcos 9:23-24).

Dios, ayúdame a construir mi casa sobre la Roca de Cristo Jesús, no sobre las arenas movedizas. Sé que no hay estabilidad en la duda. Quiero que mi esperanza sea firme y verdadera. Tú eres el Alfa y la Omega, el principio y el fin. Ayúdame a confiar en ti en esto y en todo lo demás.

Padre, quiero tener la misma fe que los hombres y las mujeres sobre los que leo en la Biblia. A menudo solo confío en lo que puedo ver ante mí. Me doy cuenta de que me llamas a tener fe en lo que no he visto aún (Hebreos 11:1). Si solo creo en lo tangible, mi fe no es real. Debo creer en lo intangible. Todo lo que me rodea prueba que tú existes. Ayúdame a contar mis bendiciones y a construir altares por todo el camino para que pueda recordar las veces que estuviste ahí para mí (Génesis 35:3).

Señor, cuando empiece a dudar de ti, trae a mi mente las veces que has respondido mis oraciones. A veces, esto me ayuda a permanecer en calma y a confiar en ti incluso en medio de las circunstancias que parecen imposibles. Tú eres el Dios de lo imposible. Eres fuerte y poderoso, soberano y fiel. Dios, confío en ti.

Padre celestial, he estado dudando de nuevo. Me tumbo en mi cama de noche y me pregunto si tan siquiera me ves aquí y conoces mis necesidades. Dudo de tu amor por mí por la forma en que se han desarrollado las cosas. Esta no es la vida que había planeado para mí. Dame la capacidad de ver más allá del hoy, al futuro que tienes reservado para mí. Ayúdame a creer que aún no has acabado conmigo.

Padre, gracias por tus promesas en el versículo que puedo reclamar durante mis pruebas. Tú prometes que nunca me dejarás ni me abandonarás. Me aseguras que nada, nada en absoluto, tiene la capacidad de separarme de tu amor (Romanos 8:38-39).

Enemigos

"Estáis familiarizados con la vieja ley escrita que declara: "Ama a tu prójimo" y lo que le acompaña: "Odia a tu enemigo. Yo lo reto. Les estoy diciendo que amen a sus enemigos. Que saquen lo mejor de ustedes, no lo peor. Cuando alguien se lo haga pasar mal, respondan con las energías de la oración, porque entonces estarán ejercitando su "yo" verdadero, su ser creado por Dios.

Esto es lo que Él hace. Da lo mejor de sí mismo —el sol que calienta y la lluvia que nutre— a todos, independientemente… En una palabra, lo que estoy diciendo es que crezcan. Ustedes son súbditos del reino. Vivan ahora de forma acorde a él. Vivan su identidad creada por Dios. Vivan con generosidad y gracia hacia los demás, de la manera como Dios vive hacia ustedes".

MATEO 5:43-48 (THE MESSAGE)

A quien mucho se le da, mucho se le pide. ¿Cuántas veces has fallado? ¿Cuánto pecado llevó Jesús a la cruz en tu lugar? La gracia es inconmensurable, la generosidad es increíble.

La versión inglesa The Message lo expresa aquí en términos actuales, en el libro de Mateo: "Crezcan". No discutas con los que discrepen de ti en política o religión. Dios ama por igual a los demócratas y a los republicanos. Ama a aquellos que le han aceptado y a los que aún están perdidos. Nuestra responsabilidad como seguidores de Cristo es seguir su dirección en esto. Jesús oró por quienes lo persiguieron. Ve y haz tú lo mismo.

Jesús, ayúdame a luchar con el bien en contra del mal. Dame la fuerza de respirar profundamente y mostrar amor, incluso con aquellos que no son fáciles de amar. Leo acerca de cómo tú le pediste al Padre que perdonara a los que te crucificaron. Es increíble para mí y, sin embargo, estoy llamada a amar y a orar también por mis enemigos. Te pido que me ayudes.

Padre celestial, te pido ahora mismo, en este momento, por aquellos que me han hecho daño. Lo presento por su nombre delante de tu trono. Tal vez sea cierto que "no saben lo que hacen". Sé que la gente herida es conocida por hacer daño a otros. Te ruego que sanes las heridas de su alma. Por favor, úsame como representante de tu gracia y de tu generosidad.

Señor, en ocasiones soy muy rápida a la hora de defenderme. Rara vez ignoro el comentario irónico o la observación sarcástica que se cruzan en mi camino en boca de un compañero de trabajo. A menudo contraataco. Soy rápida para hablar. ¡Las réplicas vuelan! Padre, toma el control de mi rápida lengua. Haz que me tome una pausa y piense antes de hablar. A veces guardar silencio tiene un poder mucho mayor.

Espíritu Santo, sé tú mi Consolador. He sido herida por alguien que realmente sabe qué botón pulsar. Estoy llena de odio y soy incapaz de reunir amor por este individuo con mis propios medios. Necesito que seas fuerte en mi debilidad. Sustituye mi enojo por compasión.

Jesús, ayúdame a considerar la perspectiva de esta persona y el dolor interno que debe conducir a estas desconsideradas heridas que inflige a los demás. Te pido que sanes su corazón.

Jesús, tú hiciste énfasis en muchas cosas en tus enseñanzas, pero la mayor de ellas fue el amor. El amor es una fuerza poderosa capaz de cambiar un corazón. Tu amor cambió mi corazón. Te pido que me uses hoy para ser un ejemplo vivo del amor incondicional por los demás, en especial por los que son mis enemigos.

Señor, tú eres el Dios de lo imposible. Eres el creador de cada corazón. Tienes el poder de ablandar los corazones y de convertir a los enemigos en íntimos amigos. Te pido que seas un hacedor de milagros en esta situación.

Quiero ser más como tú, Jesús. De forma asombrosa, trataste a tus enemigos con respeto. Los amaste. Haz que yo no sea vencida por el mal, sino que, en su lugar, pueda vencer al mal con el bien, por el poder tu Espíritu (Romanos 12:21).

Enfermedad crónica

Ten misericordia de mí, oh Jehová, porque estoy enfermo;
sáname, oh Jehová, porque mis huesos se estremecen.
SALMO 6:2 RVR1960

*E*l resfriado o la gripe ocasional pueden
desanimarnos de verdad. Pero cuando la enfermedad
se vuelve crónica, ¡puede resultar tan deprimente!
Cuando no te sientes bien durante meses, o incluso
años, es posible que tengas ganas de tirar la toalla.

Recuerda que Dios no te ha dejado. Busca su
provisión incluso en esta situación, en los doctores
y enfermeras, en las medicaciones, en los pequeños
consuelos enviados a través de la familia o amigos.
Dios no te ha abandonado. Comparte estos
sentimientos con Él. Busca formas en las que poder
ayudar a los demás porque, a menudo, te puedes
sentir mejor cuando lo haces. Es posible que haya
algo que puedas hacer, incluso en tu condición, para
ayudar a otra persona.

En tu enfermedad, te ves obligada a cambiar
tu ritmo ajetreado por otro más lento. Usa ese
tiempo para orar por los misioneros, por otros que
están enfermos y por tu propia familia y amigos.
¡Transforma la desdicha en un ministerio!

Señor, sé que tú también traerás sanidad en esta vida o cuando yo llegue al cielo un día. Te alabaré incluso en mi enfermedad. Redime mi vida de la destrucción. Coróname con tu amorosa amabilidad y tiernas misericordias (Salmo 103:1-4).

Padre, necesito que camines conmigo día a día. ¡Estoy tan cansada de estar enferma! Me impide hacer cosas que deseo hacer. Solía atribuir poca importancia a correr de aquí para allá. Quería que mi vida se ralentizara. Ahora deseo que vuelva a ser ajetreada. De alguna forma muéstrame hoy que no he caído en el olvido. Señor, te amo.

Jesús, tú sanaste al enfermo. Hiciste que el cojo anduviera. Te llevaste las manchas de los leprosos. No entiendo por qué no me sanas del mismo modo. Sé que hay cosas que no comprenderemos hasta que no lleguemos al cielo. Por favor, consuélame mientras espero para entender tus caminos.

Padre celestial, esta enfermedad ha empezado a definirme. Quiero que mi identidad esté en Jesucristo y no en mi enfermedad. Te ruego que me recuerdes que soy una hija amada del Rey, salva por la gracia por medio de la fe en el Mesías. No soy una simple enferma encerrada en casa. No dejaré que Satanás me convenza de que solo soy una carga, y que los demás estarían mejor si yo no estuviera aquí. Soy de valor, y merezco la pena, porque soy parte de la familia de Dios.

Así como el apóstol Pablo oraba para que quitaras el aguijón de su carne, yo te pido que quites este aguijón de mi vida. Espero con expectación a lo que tú harás. Lo quitarás o seguirás caminando conmigo a través de esta adversidad, y la usarás para fortalecer mi fe. Confío en ti, Señor, y sé que tú harás lo mejor para mí.

Señor, te pido hoy que cada vez que comience a cavilar en lo que *no puedo* hacer, tú traigas a mi mente algo que *sí pueda* hacer. Aun soy capaz de hacer muchas cosas a pesar de estar enferma. Puedo orar. Puedo alentar a alguien por teléfono. Puedo hacer algunas cosas a pesar de no ser capaz de salir de casa. Sustituye mis pensamientos negativos por otros de esperanza y de positividad. Yo puedo. Yo puedo. Yo puedo.

Enfrentarse a la muerte

Porque para mí el vivir es Cristo y el morir es ganancia.
FILIPENSES 1:21 NVI

$\mathcal{E}$s difícil imaginarse que la muerte es realmente mejor que la vida. Para el cristiano esto es cierto. Cada hombre y cada mujer se enfrentarán un día a Dios. Cuando llegue tu último aliento en esta tierra, entrarás en la celebración o en la condenación eterna. La Biblia lo deja muy claro.

Si tienes a Jesús en tu corazón, la muerte no es algo que debas temer. En el momento en que abandones este cuerpo, tendrás otro totalmente nuevo en el cielo. En el instante en que te acerques a tu último suspiro, la fiesta no habrá hecho más que empezar a darte la bienvenida a tu recompensa eterna. Vivir es Cristo. Morir es ganar la eternidad en su presencia. Rinde hoy tu miedo a la muerte ante Aquel que te hizo y que ordenó cada día de los que vivirás en esta tierra.

Señor, resulta fácil decir que uno no teme a la muerte hasta que esta llama a la puerta. Sé que me voy acercando cada vez más al momento en el que entregaré mi último suspiro. Por favor, tranquilízame para que, aunque la muerte sea "el enemigo final", ¡tú ya la has vencido! Viviré para siempre contigo en el cielo.

Padre celestial, encomiendo a mi familia y amigos a tu cuidado. Durante mucho tiempo he trabajado e intentado cuidar de ellos. He dado todo cuanto he podido. Mi momento se acerca. Por favor, ocúpate de ellos por mí, pues tengo que dejarles atrás.

El valle de sombra y de muerte nunca pareció tan real como lo es hoy. No le tendré miedo. Tú estás aquí conmigo, como prometiste que lo estarías. Tú me proteges. Tú me consuelas. Viviré por siempre en la casa de mi Señor (Salmo 23).

Me conoces a fondo. Tú me formaste en el vientre de mi madre. Sin embargo, yo he caminado por esta vida con un mero destello de quién eres. Mi humanidad me ha impedido conocer plenamente. Hay cosas secretas que simplemente no puedo comprender en esta vida. ¡Me estoy acercando al momento en que sabré! Conoceré plenamente del mismo modo que soy plenamente conocida. ¡Estoy deseando que llegue, Señor (1 Corintios 13:12)!

Jesús, tú moriste. Moriste sobre una cruz. Moriste, como yo estoy muriendo aquí ahora, en este lugar. Rendiste tu último suspiro, como yo lo haré en breve. Pero, aleluya, ¡tú no te quedaste en la tumba! Por tu muerte, mi pecado fue perdonado y fui hecha justa ante Dios. Gracias por morir para que yo pueda tener vida eterna.

Jesús, estoy en el huerto. Estoy suplicando otro camino. Le estoy pidiendo a mi Padre que pase de mí esta copa, para no tener que beber la amargura de la muerte. Pero mi cuerpo me falla, y me voy debilitando. En el fondo sé que va a llevarme pronto a casa. Dame la aceptación que tú tuviste cuando te diste cuenta de que la muerte no era una opción, sino una certeza. Quiero ir en paz a mi hogar eterno.

Enojo

Si se enojan, no pequen. No permitan que el
enojo les dure hasta la puesta del sol.

EFESIOS 4:26 NVI

$\mathcal{E}$l enojo es una emoción normal. Todos lo sentimos de vez en cuando. No es el enojo en sí mismo lo que causa el problema, sino nuestra reacción ante nuestros sentimientos de enojo. A menudo, nuestra forma de reaccionar implica palabras e incluso acciones que no agradan a Dios.

¿Has reaccionado alguna vez con enojo hacia tu esposo o tus hijos? ¿Con tus compañeros de trabajo o tu jefe? ¿Con tus amigos y familiares? Piensa en qué harías de otro modo si se te concediera otra oportunidad. ¿Harías una pausa y respirarías hondo? ¿Podrías alejarte y darte un poco de tiempo para calmarte antes de arremeter?

Así como la pasta de dientes no se puede volverse a meter dentro del tubo, las palabras de enojo son imposibles de deshacer una vez que se han pronunciado.

Para ser una mujer piadosa, debes permitir que Dios te ayude con el enojo. Comienza pidiéndoselo hoy.

Amado Dios, sé que el enojo vive en el dolor. En los ámbitos de mi vida en los que me siento herida, suelo reaccionar con enojo. De mi boca explotan cosas que más tarde me pesan. Te ruego que sanes el dolor que hay en mí, y que pongas guardián sobre mi lengua para que no hiera a los demás con mi enojo.

Jesús, cuando te enojaste, fue un enojo justo. Yo me enfado cuando las cosas no salen como yo quiero o cuando los demás dicen o hacen algo que me hiere. Ayúdame a no ser tan egocéntrica. Ayúdame a estar centrada en el reino.

Señor, Santiago 1:19-20 lo resume todo. Quiero ser rápida para escuchar lo que los demás tienen que decir; lenta para hablar, y más lenta aún en perder los nervios. Mi enojo nunca producirá tu justicia en mi vida. Por favor, ayúdame a llevar tu Palabra en mi corazón, y a permitir que esta me transforme.

Dios, recuérdame que eres el dador de todos los buenos obsequios. No retienes ninguna buena dádiva de tus hijos a quienes amas. A veces siento que no me das lo que quiero o lo que necesito. Me enojo contigo aun cuando me siento terriblemente culpable por ese enojo. Te ruego que me perdones y que me muestres cómo confiar en ti, hasta cuando no me salgo con la mía.

Dios, a menudo pierdo el control y actúo de formas en que ojalá no hubiera actuado. Me sigue ocurriendo. Te ruego que guardes mi corazón y mi lengua… y por favor, Señor, ayúdame a tener autocontrol. Anhelo ser más como Jesús.

Padre, ayúdame a no pecar en mi enojo. Todo el mundo se siente enfadado a veces. No quiero actuar nunca en consecuencia. Ayúdame a respirar profundamente y a venir primero a ti en oración. Te suplico que me rescates de mi propio enojo.

Padre celestial, a veces hiero a mi marido y a mis hijos cuando estoy enojada. Les hago daño con mis palabras. Digo cosas a sabiendas de que son poco amables, y más tarde me siento culpable por ello. Revélame de dónde procede este enojo, Señor. Muéstrame el dolor dentro de mi corazón que me hace reaccionar con un temperamento tan fuerte. Saca la amargura de mí. Estoy preparada para ponerme a trabajar. Quiero que esto cambie.

Dios, tú quieres que tus hijos vivan en paz los unos con los otros. Tú nos señalas que no dejemos nunca que el sol se ponga sobre nuestro enojo. Me veo dándole vueltas a una situación cuando me voy a dormir y la vuelvo a retomar al día siguiente, tan pronto como me despierto, justo donde la dejé. Sé que esta no es tu voluntad para mí. Ayúdame a valorar más mis relaciones, y a resolver rápidamente los conflictos.

Estrés familiar

*Cuando la presión y el estrés se me vienen
encima, yo encuentro alegría en tus mandatos.*
SALMO 119:143 NTV

*E*l estrés es un enemigo silencioso. No es evidente,
como un león rugiente, sino que es astuto como una
serpiente. Se desliza dentro de una familia y asfixia
la vida y la risa que una vez fueron tan abundantes.
A menudo no se presenta como una fuerza grande y
mala, sino con la forma de demasiadas cosas buenas.
Por ejemplo, no hay nada inherentemente malo en
un niño que juega en un equipo de fútbol, en otro
que compite en gimnasia, en una madre que trabaja
o en un padre cuyo trabajo requiere que viaje de vez
en cuando. Sin embargo, ponlo todo junto y podrías
conseguir la receta del desastre.

Cualesquiera que sean las actividades y los
hábitos se hayan combinado para crear un nivel tan
alto de estrés en tu familia, sencillamente debes
hacer un cuidadoso inventario y un poco de limpieza
en la casa. Así como te deshaces del desorden de la
ropa y de los juguetes viejos, despoja a tu familia de
parte de las presiones para que el gozo pueda fluir de
nuevo entre ustedes.

No logro recordar la última vez que nos sentamos juntos a comer. Estamos yendo y viniendo. Los horarios de trabajo y de la escuela no son más que el principio. Todos los extras son los que parecen robar nuestro tiempo. Recuérdanos lo que es importante, Señor. Ayúdanos a priorizar mejor. Necesitamos algo de tiempo libre, algún tiempo para disfrutar de ser de nuevo una familia. Te pido que nos guíes cuando determinemos lo que deberíamos eliminar para aliviar nuestro estrés familiar.

El estrés que estoy experimentando está comenzando a tomar las riendas de mi vida familiar. Solíamos reírnos y jugar a algunos juegos juntos. ¿En qué nos equivocamos? Dios, sé que a menudo arremeto contra mi marido o contra los niños cuando no se lo merecen. Dejo que mi estrés rebose y se convierta en el estrés de mi familia. Perdóname, Señor, y ayúdame a manejar mejor el estrés para que no arruine a mi familia.

Dios, ayúdanos a reducir la marcha. Las prisas y el ajetreo de la vida cotidiana pueden ser tan agotadores. Te ruego que nos concedas discernimiento a mi esposo y a mí cuando tomemos decisiones para nuestra familia. Tal vez sea suficiente que cada uno de nuestros hijos juegue a un deporte. Tal vez uno de nosotros debería rechazar las horas extra, a pesar de que eso haga mella en las facturas. La familia es más importante que las actividades o que el dinero extra, Padre. Danos sabiduría para saber a qué decir sí y a qué cosas deberíamos tener la sabiduría de decir que no.

Dios, veo el estrés de mis hijos. Lo oigo en sus oraciones cuando se van a la cama. Echo de menos sus sonrisas fáciles y las risas tontas. Estamos experimentando un tiempo difícil. Ayúdanos a proteger a nuestros hijos tanto como sea posible para que el estrés adulto no impacte de este modo en nuestros pequeños. Me rompe el corazón, y sé que tú no quieres que lleve tanta carga.

Señor, te pido que nos guíes cuando analicemos qué es lo que está causando el estrés al que nos estamos enfrentando. Sabemos que no es así como tú quieres que vivamos. Debemos determinar qué hacer al respecto. Concédenos la capacidad de realizar un cambio en aquello que podamos modificar. Ayúdanos a aprender a vivir en paz y a encontrar formas creativas de trabajar sobre el estrés que no podemos eliminar.

Jesús, ayúdanos a no jugar al juego de la culpa, y haz que busquemos una solución para este estrés al que nos enfrentamos. Tenemos que trabajar juntos en esto.

La familia es un gran regalo. Ayúdanos a recordarlo a lo largo del año, y no solo en las ocasiones especiales como en los cumpleaños o en Navidad. Ayúdanos a ser más amables los unos con los otros, Señor. No quiero mirar atrás en los años que vienen y ver una familia destrozada por los estreses diarios. Quiero que nuestra familia sea fuerte. Ayúdame a hacer lo que debo como mujer de esta casa, para colaborar en hacer de nosotros una familia fuerte de nuevo.

Estrés laboral

Trabajen de buena gana en todo lo que hagan,
como si fuera para el Señor y no para la gente.
COLOSENSES 3:23 NTV

Hace años, las mujeres no solían trabajar fuera de casa. Sin embargo, los tiempos han cambiado y hoy, muchas mujeres hacen malabares con las responsabilidades del trabajo fuera y dentro de casa. El estrés en el trabajo puede conducir al estrés en casa y viceversa. Es importante recordar susurrar oraciones a lo largo del día, y permanecer cerca de Dios incluso mientras trabajamos. Esto mantendrá nuestros corazones en el lugar correcto y, con frecuencia, detendrá los conflictos o el estrés en el acto.

Encomiéndate al Señor cada día al comenzar tu trabajo. Pídele que lo bendiga, que calme tu corazón y tu espíritu, y confía en que Él te ayudará incluso con las tareas rutinarias y con los cumplimientos de los plazos. Trabaja con dedicación e integridad como si Dios fuera tu jefe. Después de todo, ¡lo es!

Señor, gracias por mi carrera. Gracias por darme un trabajo con el que disfruto y que encaje con mis dones. Sin embargo, ayúdame a encontrar un equilibrio entre el trabajo y la casa. No quiero que mi familia sufra porque yo me encuentre estresada por el trabajo.

Haz que las palabras de mi boca te resulten agradables. Lucho contra esto. Cuando estoy cansada y estresada, a menudo fallo y no le hablo a mi jefe o a mis empleados de una forma que te honre, Dios. Ayúdame a respirar profundamente en esos momentos, y a susurrar una oración. Ayúdame a recordar que mi lengua tiene el poder de levantar a los demás o de destruirlos. Quiero honrarte con mi forma de hablar en mi lugar de trabajo.

Señor, simplemente no hay suficientes horas en el día. Ayúdame a saber cómo priorizar. Dame la sabiduría para discernir si debería reducir mis horas laborales o incluso dejar ir este trabajo en algún momento. Quiero de verdad poner a mi familia en primer lugar, pero necesito el ingreso que me aporta este trabajo. Padre, guíame. Quiero honrarte en mi trabajo.

¡Dios, como mujer me siento tan desgarrada! Quiero ser la mejor en todo, pero muy a menudo siento que estoy decepcionando a todo el mundo por culpa de la sobrecarga y del estrés. Mi esposo, mis hijos, mi jefe y mis compañeros de trabajo. Muéstrame cómo equilibrar mi tiempo. Recuérdame que, por lo general, el trabajo puede esperar y que, en determinado momento, es necesario dejarlo a un lado para que la vida de mi familia no ocupe el segundo lugar.

A veces siento que todo el mundo y todas las cosas están contra mí. No puedo agradar a mi jefe, por muchas horas que trabaje o por dura que sea mi labor. Señor, recuérdame que tú estás junto a mí. Si tú estás conmigo, ¿quién puede estar en mi contra? (Romanos 8:31).

Señor, vengo ante ti, y admito que no me encuentro demasiado bien. Estoy estresada por completo, tengo exceso de trabajo y me siento cansada, tan cansada. En momentos como estos es cuando me vuelvo a centrar. Descubro que estás ahí. Que nunca te moviste. Era yo la que me dejé ir a la deriva. Alzo la mirada y veo el rostro de mi Padre que me sonríe. Me ofreces un yugo fácil. Lo acepto, Abba Padre. Descansaré en ti.

Experimentar un cambio

Porque he bajado del cielo no para hacer mi
voluntad, sino la del que me envió.
JUAN 6:38 NVI

Él cambio es una parte natural de la vida. Muy pocas cosas permanecen igual. Ya sea que estés experimentando un cambio asociado con el gozo o la tristeza, necesitarás depender de Dios para que te ayude a adaptarte.

Como mujeres, imploramos la rutina y la monotonía. Nos hace sentir seguras. Para nosotras, tener un sentido de estabilidad es muy importante. Cuando algo cambia en nuestra vida, es posible que nos deje una sensación de intranquilidad o miedo. Recuerda que Jesús experimentó el cambio. Él abandonó el cielo para descender a la tierra y nacer como un bebé, no en un palacio real sino en un establo de animales. ¡Hablemos de cambio! Él comprende la sacudida que puede provocar el cambio repentino en la realidad de la persona.

Ora y pide que el Espíritu Santo te capacite para aceptar el cambio en lugar de resistirte a él. El cambio puede traer nuevas aventuras que, de lo contrario, te podrías haber perdido.

Dios, no me gusta el cambio. Lo admitiré. Me gusta el reconfortante sentimiento de saber lo que traerá cada día. Esto ha suscitado algo de ansiedad en mi vida. Te ruego que me hagas recurrir a ti para que me ayudes a adaptarme.

Padre, este cambio me ha tomado por sorpresa. No estaba preparada para ello ni lo esperaba. No tuve tiempo para prepararme. Por favor, acude a mi lado y muéstrame la forma en que debería reaccionar ante ello. Dame tu gracia para aceptarlo y para hallar lo positivo, a pesar de que sea un cambio que no quiero en mi vida.

Señor, sé que no todos los cambios son malos. ¡Puede resultar estimulante! Hoy te pido una nueva perspectiva. Ayúdame a aceptar los cambios que se han puesto en mi camino. Ayúdame, incluso, a disfrutar de ellos.

Algunas personas parecen crecerse ante el cambio.
Se mudan con frecuencia y tienen nuevos trabajos.
Disfrutan de la variedad. Ojalá yo fuese más así.
Me gustan la rutina y la regularidad. Este cambio
ha sacudido mi agradable y predecible mundo.
Me encuentro en pánico. Padre, calma mi
espíritu. Recuérdame que no me has abandonado.
Caminaremos juntos por este tiempo de adaptación.
Gracias por estar cerca.

Dios, sé que hay una cosa que nunca cambiará.
Tú nunca me abandonarás. Aunque mi trabajo
cambie… si debo mudarme al otro lado del país…
aunque sea abandonada por los demás… si enfermo
o me quedo discapacitada y no puedo vivir de la
forma que solía hacerlo… tú estarás ahí. Nunca me
dejarás ni me abandonarás (Deuteronomio 31:8).
Hallo un gran consuelo en tu fidelidad y tu lealtad,
Padre celestial.

Hay un tiempo y un propósito para todo lo que ocurre (Eclesiastés 3:1). Sé que este cambio no es una sorpresa para ti, Señor. Tú ves todas las piezas del puzle que compone mi vida. Yo solo puedo ver una pieza a la vez. Tú ves cómo me acercará a ti esta "nueva normalidad", cómo me retará y me moldeará. Por favor, permite que este cambio en mi vida te traiga gloria, como debería hacerlo todo. Señor, te amo.

Tú conoces los planes que tienes para mí, Soberano Dios. Tus planes nunca me dañan sino que siempre me traen esperanza. Tienes reservado un buen futuro para mí (Jeremías 29:11). Ayúdame a contemplar este cambio como una simple parte del plan. Gracias por asegurarme que tú sigues teniendo el control, incluso cuando las cosas parecen un poco fuera de control en mi pequeño mundo.

No perdonar

Jesús dijo: "Padre, perdónalos, porque no saben lo que hacen".

No siempre es fácil perdonar. Sin embargo, como cristianas debemos seguir el ejemplo de Cristo. Si Él pudo perdonar a quienes lo ejecutaron, ¡ciertamente podemos hallar una forma de perdonar a quienes nos hacen daño!

En última instancia, cuando no podemos perdonar, somos quienes más daño nos hacemos a nosotras mismas. Alimentar el resentimiento daña nuestros propios corazones. Hasta puede hacernos enfermar físicamente.

Dios quiere liberarnos de los viejos agravios y del resentimiento albergado. Él sanará nuestros corazones heridos y nos dará la fuerza para perdonar. Después de todo, Él nos perdonó, ¿no es cierto?

Señor Jesús, si tú pudiste perdonar a las personas que te desnudaron y traspasaron tus manos y tus pies con clavos, a aquellos que te colgaron en la cruz para que murieras, entonces sé que puedes ayudarme a perdonar a quienes me han ofendido o me hicieron daño.

Dios, libérame del resentimiento y del fariseísmo. ¡Saca la viga de mi propio ojo antes de que me preocupe demasiado por la paja del ojo de otro! Hazme lo suficientemente humilde para perdonar.

Jesús, en los Evangelios tú siempre mostraste misericordia a los pecadores. Pero no tuviste paciencia para con los orgullosos y los fariseos que no perdonaban.

Señor, permite que lleve tu perdón a todo aquel que me haya herido. Que ellos puedan verte en mí. Obra tu reconciliación a través de mí.

Dios, sé que quieres que viva en paz con los demás, pero no seré capaz de hacerlo hasta que pueda perdonar. Ayúdame a perdonar lo que parece imperdonable. Libera mi corazón para que pueda estar en paz con todo el mundo.

Fracaso

*¡Fíjense qué gran amor nos ha dado el Padre, que
se nos llame hijos de Dios! ¡Y lo somos!*

1 JUAN 3:1 NVI

Abraham y Moisés fallaron. Pedro y Pablo
cometieron graves errores. David falló, y también
Elías. Pero Dios usó sus fracasos para llevar a cabo su
voluntad en ellos y conducirlos donde Él quería que
estuvieran.

Tú eres una hija preciosa del Señor Altísimo.
Eres amada por Él. ¿Disminuye tu amor por tu
propio hijo cuando él o ella fallan? ¿Acaso provoca
un fallo de tu hijo o tu hija que dejes de ser su
madre? ¡Por supuesto que no!

Dios no te ama según las veces que hagas las cosas
bien o mal, sino porque eres su hija. Eres salva por
gracia, por medio de la fe en Jesucristo, y apareces
como justa ante tu Padre celestial. En tu camino te
toparás con fracasos y éxitos. Aprende a aceptar esto.
Dios siempre te acepta, independientemente de
cuántas veces puedas fallar.

Quiero tener éxito. ¿Y quién no? Quiero hacerlo bien en mi profesión y escalar puestos. Quiero ser una buena amiga y compañera de trabajo. Y, sin embargo, fallo. Desanimo a las personas. Incumplo los plazos. No doy la talla. Recuérdame que cuando fracaso no me amas un poco menos que cuando soy victoriosa. Gracias por tu amor incondicional, Dios.

Mi fallo me conduce al arrepentimiento. Vengo a ti cuando fracaso. Te busco. Cuando dices que todas las cosas ayudan a bien para aquellos que te aman, creo que eso incluye nuestros fallos. Si siempre fuera una ganadora, no dependería tanto de ti. Caigo en tus brazos cuando fallo. Siempre estás ahí, firme y verdadero.

A veces me niego a intentarlo porque tengo miedo de fallar. Lo hacía cuando era niña y pensaba que lo superaría con la edad, pero no lo he hecho. En lugar de evitar un deporte o una actividad, ahora evito cosas mayores como las relaciones y las solicitudes de empleo. Padre, dame confianza y fortalece mi espíritu para que todo esté bien incluso si fallo.

Mi identidad está en Cristo Jesús. Soy salva, amada y preciada. Mi identidad no depende de lo bien que haga las cosas. Recuérdame esto, Padre. Gracias por amarme de una forma tan incondicional.

Señor Jesús, usa mis fracasos para ayudarme a mejorar. Cuando les grite a mis hijos, utilízalo para enseñarme a ser paciente la próxima vez. Cuando incumpla un plazo en el trabajo, enséñame a priorizar mejor en el futuro. Puedo mejorar. Ayúdame a tener la confianza que necesito para hacerlo mejor la próxima vez.

El mundo puede catalogarme de fracaso, pero tú lo ves de una forma muy diferente, Señor. Estoy en este mundo, pero no le pertenezco. Soy una extranjera aquí, pues mi hogar verdadero es el cielo. Cuando no tenga la mayor cuenta bancaria, porque he dado libremente a los demás, recuérdame que ese dinero no es lo más importante. Cuando elija quedarme en un lugar en que estoy creando un impacto para el reino, recuérdame que eso te honra. Está bien dejar pasar una oportunidad de ascenso o de cambio si siento que debo hacerlo. En el nombre de Jesús te pido la confianza para hacer lo que está bien, sin importar cómo lo pueda ver el mundo.

Hijos pródigos

*Así que emprendió el viaje y se fue a su padre. Todavía
estaba lejos cuando su padre lo vio y se compadeció de
él; salió corriendo a su encuentro, lo abrazó y lo besó.*

LUCAS 15:20 NVI

Cuánto desearías que tu hijo entrase en razón como
ocurrió con el joven en Lucas. Es posible que estés
experimentando una serie de emociones estos días:
enojo, frustración, compasión, tristeza. Cuando te
entregas a un hijo y éste se rebela, es difícil aceptarlo.
De repente te asaltan las dudas respecto a si las cosas
cambiarán alguna vez. Hace tanto tiempo que no has
visto a tu hijo o hija que parece que este hijo pródigo
no volverá nunca.

En las largas horas de la noche, cuando no
puedas dormir, ora. En ese momento en el que una
fotografía de los días más felices atrape tu mirada,
ora. No dejes nunca de orar por este hijo que se ha
extraviado.

Tú educaste a un hijo para que fuese por el
camino que debía. No se apartará de él pronto.
Puede que deambule un poco por la senda pero,
en su momento, seguro que encuentra de nuevo su
camino.

Dios, esta hija es tuya. Tú me bendijiste con ella y te la vuelvo a entregar. Confié en ti en lo tocante a ella todos estos años. ¿Por qué iba a querer quitártela ahora? Tú conoces a mi hija mejor que yo, incluso mejor de lo que ella misma se conoce. Por favor, protégela. Te ruego que la conduzcas de nuevo al camino correcto.

Miro atrás con unas gafas de lentes teñidos de rosa, pero sé que hubo tiempos difíciles mientras criaba a mis hijos. Estaba lejos de ser la madre perfecta. Por favor, perdóname por las veces que les fallé, Dios. Te ruego que vuelvas a acercarnos. Los echo tanto de menos.

Jesús, tú contaste la historia del hijo pródigo. Imagino al padre mordiéndose la lengua, luchando contra el deseo de decirle a su hijo el terrible error que estaba cometiendo. Lo dejó ir. Dame gracia para dejar que mis hijos vayan por su propio camino. Ya son adultos, y deben tomar sus propias decisiones.

Señor, quiero hacer algo. Siempre he sido una revolucionaria y una rebelde. En esta situación no puedo tomar el control. No puedo hacer que ocurran las cosas. Solo tengo que orar. Ayúdame a no cansarme nunca de orar por mis hijos. En la oración existe un gran poder. Recuérdame que no la considere mi último recurso. Mantenme diligente en la oración y constante en la esperanza.

La intención de los hermanos de José era para su mal. Tú lo usaste para bien. Tú puedes usar las elecciones de mi hijo en su vida. A mí me parecen incorrectas, pero debo confiar en ti con este hijo mío. Tú haces que todas las cosas ayuden para bien en las vidas de aquellos que te aman.

Padre celestial, mis hijos conocen tu voz. Yo les enseñé acerca de ti y los llevé a la iglesia. Conocen la Biblia y sus verdades. Tus ovejas conocen el sonido de tu voz. Conduce a estos pequeños de nuevo a tus caminos, Buen Pastor. Te pido que los llames. Te ruego que hagan caso de tu llamada.

Infertilidad

Ana, con una profunda angustia, lloraba amargamente mientras oraba al Señor e hizo el siguiente voto: "Oh Señor de los Ejércitos Celestiales, si miras mi dolor y contestas mi oración y me das un hijo, entonces te lo devolveré. Él será tuyo durante toda su vida, y como señal de que fue dedicado al Señor, nunca se le cortará el cabello".

1 SAMUEL 1:10-11 NTV

Existen muchos anhelos en este mundo, pero tal vez no exista mayor ansia para algunas mujeres que tener un hijo. No todas las mujeres quieren ser madres, pero la mayoría tienen instintos maternales que les hace desear la maternidad. Cuando este objetivo se demora o se niega debido a la infertilidad, puede llegar a ser casi insoportable.

Si estás experimentando el dolor de no poder quedarte embarazada, no estás sola. Muchas, muchas mujeres han estado en tu lugar. Es posible que te sorprenda la llegada de un bebé milagro que venga a ti de forma biológica o a través de la adopción. Intenta confiar en Dios durante este tiempo. Has de saber que Él siempre está de tu parte, y nunca en tu contra. Anhelar un hijo es muy natural. Confía en Dios a través de esta prueba, porque Él ve tu anhelo. Él no se ha olvidado de ti.

Señor, ayúdame a entregarte este anhelo. Ayúdame a rendirlo a ti. He puesto a un lado otros sueños durante años. Este es, tal vez, mi deseo más profundo. Realmente quiero un hijo. Ayúdame a confiar en ti mientras espero y mientras vivo con este anhelo.

Señor, sé que tú eres un Dios que obra milagros. Eres capaz de hacer lo imposible. Te ruego que me permitas quedarme embarazada, si es tu voluntad, y que tenga un hijo.

Sé tú con mi esposo. Él también desea un hijo, pero somos muy diferentes cuando reaccionamos ante la infertilidad. Por favor, préstanos tu ayuda para que esto nos acerque más el uno al otro en lugar de alejarnos.

Recuerdo jugar a las muñecas cuando era niña, Señor. Nunca soñé con no tener una casa llena de niños cuando fuera adulta. ¡Ahora daría lo que fuera por tener tan solo un hijo! Te ruego que tú cumplas este deseo de mi corazón si es tu voluntad para mí.

No estoy segura de con quién estar enfadada, ¿contigo, con mi esposo, conmigo misma? Simplemente estoy enojada. No puedo dejar de sentirme frustrada. Se diría que a las demás mujeres les resulta tan fácil quedarse embarazadas. No para mí. ¿Por qué tenía que ser yo la rara? ¿Por qué es imposible que yo tenga un bebé? Señor, calma mi corazón. Estoy tan enojada, y sé que este no es tu deseo para mí. Tú quieres que confíe más en ti.

Señor, están por todas partes: mujeres embarazadas y mujeres con bebés recién nacidos. Por favor, ayúdame a regocijarme con las demás y a celebrar la nueva vida. No quiero ser una persona celosa. Mi corazón anhela la maternidad, pero incluso en este ámbito complicado, te ruego que pueda sentirme feliz por las demás.

Sé que tú *puedes* permitir que me quede embarazada, pero supongo que no dejo de preguntarme si lo *harás*. Hasta este momento, cada mes tengo esperanzas y cada mes mis esperanzas se desvanecen. Tú eres el dador de la vida, y sé que si tú deseas para mí que tenga un bebé (y cuando así lo decidas), producirás mi embarazo. Ayúdame a creer que harás aquello que sea lo correcto y lo mejor para nuestra familia.

Padre celestial, rindo este anhelo ante ti. Pongo de lado este deseo. Estoy cansada de llevar esta carga. Estoy agotada. Ya no puedo cargar más con ella. Necesito que me ayudes. Preciso que calmes mi espíritu y seques mis lágrimas. Estoy triste y frustrada, pero aun así, te alabaré, Creador y Sustentador mío.

Insomnio

Al acostarte, no tendrás temor alguno;
te acostarás y dormirás tranquilo.
PROVERBIOS 3:24 NVI

*E*l insomnio puede ser un verdadero problema.
Como mujer, te sientes tan responsable de tantas
otras personas que te rodean: tu esposo y/o hijos,
aquellos con los que trabajas, las amigas que están
atravesando un momento complicado, los padres
ancianos… y la lista continúa. Cuando no puedes
dormir, todas tus preocupaciones se amplían en
las oscuras horas en las que no duermes. Y cuando
te levantas por la mañana, eres incapaz de estar en
plena forma para aquellos que dependen de ti. ¡Es
un tremendo círculo vicioso!

Es posible que te aterre irte a la cama, porque
temes enfrentarte una vez más a la frustración de
estar ahí tumbada y de nuevo despierta. La ansiedad
te abruma, y te sientes fuera de control.

Pero el amor de Dios nunca falla. Él se
compadece de tu insomnio. Él quiere ayudarte y
arrancar el temor y la preocupación de tu mente.
Ora y pídele un dulce sueño. Dios quiere que
descanses en Él.

Dios soberano, mi mente va a toda velocidad. Te ruego que ralentices mis pensamientos y traigas calma sobre mí. Por favor, haz que mi respiración vaya en sincronía con tu Espíritu cuando me tumbe aquí en la cama. Trae a mi mente todas las veces que me has protegido y me has bendecido en el pasado. Sé que no tengo nada que temer, porque tú me cuidas.

Señor, llévate las preocupaciones que se multiplican en mi mente cuando me acuesto y permanezco despierta. Cuando me sobrecoja cada pensamiento angustioso, permíteme acudir a ti. Tú me indicas que eche mis preocupaciones sobre ti, porque tú cuidas de mí.

Amado Dios, quiero acostarme y dormir en paz.
Quiero creer que tú me guardarás y me darás
seguridad (Salmo 4:8). Sobre todo, solo quiero
cerrar mis ojos y dormir. Es una meta que parece
inalcanzable para mí a pesar de que para otros
sea algo tan natural. Por favor, te ruego que me
concedas un buen descanso esta noche.

Señor, clamo a ti. Susténtame. Ahora que me
acuesto, ayúdame a dormir. Haz que me despierte de
nuevo mañana, renovada (Salmo 3:4-5).

De niña solía orar: "Ahora me acuesto para dormir".
Últimamente, el sueño no llega con facilidad. ¡Doy
tantas y tantas vueltas en la cama! Cuando por fin
me duermo, ya es casi la hora de levantarme de
nuevo. Padre, necesito que me ayudes. Te ruego
que me proporciones un sueño pacífico. Así como
me dormía cuando era niña, sin la más mínima
preocupación.

Padre, necesito que tu paz guarde mi corazón y mi mente (Filipenses 4:7). Necesito que me ayudes a controlar mis emociones. Giran sin control cuando estoy cansada. Ayúdame a dormir. El sueño reparador marca una gran diferencia en mi capacidad de enfrentar las pruebas diarias. Soy una mejor esposa y madre cuando consigo dormir. Por favor, permíteme hallar la paz y dormir bien esta noche cuando mi cabeza toque la almohada.

Señor, el insomnio es algo común. Ayúdame a recordar que esto no es inusual, y que con el tiempo, de forma normal, acabará pasando. Muchas personas luchan con ello. No estoy sola. En las horas en las que no pueda dormir, recuérdame, te ruego, que utilice el tiempo para orar. He sido bendecida en algunos de esos tranquilos momentos de oración que he tenido contigo mientras mi esposo y mis hijos duermen.

Maltrato

*Esto significa que todo el que pertenece a Cristo se ha
convertido en una persona nueva. La vida antigua
ha pasado; ¡una nueva vida ha comenzado!*
2 Corintios 5:17 NTV

Si estás experimentando (o has experimentado)
cualquier tipo de abuso, conoces el dolor que
inflige. Ya sea un maltrato físico o verbal, está mal y
no es culpa tuya. Dios creó a todos los hombres y las
mujeres en igualdad, y nos ve a través de la "lente de
Jesús". Cuando te mira, ve a una hija honrada. Has
sido creada sin mancha por la muerte de tu Salvador
en la cruz. Cuando le aceptaste, Él perdonó tu
pecado y en ti comenzó una nueva vida.

No permitas que nadie te haga daño a propósito.
Aunque ciertamente la voluntad de Dios es que
"pongas la otra mejilla", esto no significa que toleres
el abuso. Debes buscar ayuda de forma inmediata si
te encuentras en cualquier tipo de peligro.

Señor, tú viste a Pablo cuando miraste a Saulo. Tú creas belleza de las cenizas. A veces me pregunto cómo puedes amarme. Ni siquiera yo me quiero a veces. Ayúdame hoy a ver, como lo que son, las mentiras que los demás me han dicho sobre mí. Recuérdame la verdad de que he sido creada a tu imagen, de un modo temible y asombroso, y que tú tienes grandes planes para mi futuro.

Jesús, a veces me siento sola cuando pienso en lo que me han hecho. Me pregunto, si de algún modo, no será mi culpa. Gracias por tranquilizarme una y otra vez haciéndome saber que no es culpa mía y que tú estás aquí conmigo, aun en mis peores momentos. Te pido que me ayudes a sentir ahora tu presencia. Tú eres mi Salvador, y has prometido que nunca me abandonarás. ¡Qué maravillosa promesa!

Dios, tengo miedo cuando veo a una persona, o a un tipo de persona determinada. Siento que el temor me invade de nuevo. Sigo pensando que he dejado atrás los recuerdos, pero entonces, ahí están de nuevo. Siento el aguijón del maltrato tan reciente como las veces en que ocurrió. Te ruego que tomes el control de mis pensamientos, y que expulses a Satanás y su deseo de deprimirme.

Padre celestial, miro atrás y veo el dolor, pero también tu provisión. Padre, veo la forma en que me sacaste del ayer y me trajiste hasta el hoy. En la Biblia, tu pueblo construyó altares como recordatorios. Recuerdo en este momento las formas en las que me has rescatado. Gracias por las personas que me han ayudado. En tu Palabra leo de tu gran amor por mí. Continúa sanando mi corazón, te pido, como solo tú puedes hacerlo.

Padre, como mujer ¡me siento tan vulnerable! Temo ser herida de nuevo. Sé que no puedo esconderme detrás de las paredes. Señor, ayúdame a confiar en ti y dame sabiduría con respecto a las personas en las que puedo confiar. Dios, muéstrame a la gente sana.

Me encanta el versículo de las Escrituras que afirma que la batalla es del Señor. Mi lucha no es con armas ni contra un gran ejército, ¡pero suena tan retador! Libro una batalla para amarme a mí misma, y para perdonar a aquellos que me han herido. Lucho cada día. Estoy agradecida de que la batalla sea tuya, Jesús. No puedo hacerlo por mi cuenta.

Soy tuya, y con esto basta hoy, Jesús. Pertenezco al Mesías, el Salvador del mundo. Este mundo tiene sus problemas, pero sé teniéndote a ti en mi corazón, puedo sobrevivir. ¡Todavía podemos ganar esto!

Mudarse

Ya te lo he ordenado: ¡Sé fuerte y valiente! ¡No
tengas miedo ni te desanimes! Porque el Señor tu
Dios te acompañará dondequiera que vayas.
JOSUÉ 1:9 NVI

*M*udarse puede resultar emocionante, pero a
menudo trae al menos algún grado de dificultad y
de estrés. Estás dejando atrás lo que conoces y te
adentras en lo que no conoces. ¿Tendrás nuevos
amigos en el nuevo lugar? ¿Serán agradables tus
vecinos?

A pesar de que la vieja casa tenía sus cosas,
estabas acostumbrada a sus crujidos y sus chirridos.
¡Los echarás de menos! Habrá sonidos nuevos y poco
familiares en la nueva casa. No estás segura de si
podrás adaptarte, pero lo harás.

Cuando dejes atrás un lugar y te dirijas a otro,
reconoce que Dios va contigo. La casa no es más que
unas paredes. Dios permanece dentro de tu corazón.
Habitará contigo en cualquier lugar al que puedas
llamar casa, durante el resto de tu vida. Acepta
esta mudanza. Elije adentrarte en el cambio con la
confianza de que tu Dios ha ido delante de ti para
preparar el camino.

Hay tiempo para todo. Hay una época para todo lo que ocurre debajo del cielo (Eclesiastés 3:1). Amaba nuestra casa, pero este es el momento de mudarse. Creamos muchos recuerdos allí. Echaré de menos algunas cosas, pero no miraré atrás. Mantendré los ojos fijos en el futuro (Isaías 43:18). Tú has hecho que nos movamos, Señor, y te seguiremos.

Dios, mi corazón está roto. Parte de mí quiere quedarse, pero la otra parte sabe que es momento de mudarse de este lugar. Es duro adentrarse en lo desconocido, pero sé que tú vas conmigo. Por favor, prepara el camino para mí. Caminaré en él. Elijo confiar en ti en este traslado, Padre.

Señor, recuerdo cuando me mudé a esta casa. Era nueva para nosotros entonces. Las habitaciones parecían vacías y grandes. De forma gradual, llenamos este lugar con niños y cosas, y más niños y más cosas. Ahora resulta tan familiar. Ni siquiera necesito luz para moverme de una habitación a otra durante la noche. Esta casa ha sido un buen hogar para nosotros, y la echaré de menos. Pero tú nos has llamado a un nuevo lugar. Habrá habitaciones vacías allí, pero las llenaremos de "nosotros". Pronto se sentirá como un hogar. No tardaré en sentir este sentimiento enfermizo en mi estómago que tengo hoy mientras digo adiós a nuestra casa.

Señor, tengo miedo. Me he resistido a este traslado y me he mantenido firme y, aun cuando la casa se vendió fácilmente y tú nos proporcionaste la nueva, me mantuve terca. Han sido tantas las señales que nos indican que esta es tu voluntad, pero tengo miedo. Necesito que me des paz con respecto a este traslado, Padre.

Señor, no conoceré a los vecinos. No sabré dónde está la oficina de correos más cercana o la mejor tintorería a la que acudir. Tendré que cambiar de médicos y de supermercados, y los chicos tendrán que comenzar en una nueva escuela. Muchos cambios, Dios, y el cambio no es fácil para nosotros. Por favor, abrázanos fuerte.

Señor, ayúdame a ser positiva con respecto a este traslado. A pesar de que las circunstancias no sean ideales, ayúdame a confiar en ti. Necesito ser fuerte para los demás que se están fijando en mí para obtener su propia fuerza en este traslado, Dios. Te ruego que tú me des una sonrisa y un rostro que comunique la confianza que solo proviene de ti.

Muerte de un esposo

Tenme compasión, Señor, que estoy angustiado; el dolor
está acabando con mis ojos, con mi alma, ¡con mi cuerpo!
SALMO 31:9 NVI

*C*uando hiciste los votos de en lo bueno y en lo
malo, nunca imaginaste esto. Ahora miras atrás
y piensas en cuántos ámbitos lo diste todo por
sentado respecto a él. Estaba justo ahí, y ahora se
ha ido. ¿Cómo pudo haberte abandonado así? Y,
sin embargo, sabes en lo más profundo de ti que
no deberías culpar a tu esposo. Había llegado el
momento de ir a casa, al cielo. Sencillamente, tú no
estabas preparada para dejarle ir.

Todo ha cambiado. Eres responsable de muchas
cosas de las que él se ocupaba antes. Ahora hay
una oscura línea negra que separa tu vida en dos
segmentos: antes de que él muriera y después de su
muerte. Las palabras parecen aún tan ajenas.

Confía en Dios. Él será tu roca. Él te llevará
cuando no puedas das un paso más. Viajarás a través
de la oscuridad de la tristeza, pero un día llegará un
poco de luz y luego un poco más. Lo conseguirás.
Dios está contigo.

Dios, nunca esperé estar pasando por esto. Parece como si me hubieras dejado sola. ¿Cómo pudo ser? No parece real. Pero me despierto día tras día, y compruebo que, en efecto, esto es muy real. Mi marido se ha ido. Me siento abandonada. Te pido que seas tú mi marido. Estoy tan desconsolada. Sé tú el amante de mi alma. Llena cada espacio vacío con tu amor, Jesús. Necesito tu ayuda para conseguirlo. No puedo hacerlo sola.

Señor, prepararon comidas pero yo no pude comer. Se sentaron conmigo, pero no pude pronunciar ni una palabra. No sé cómo pasaron las horas, porque estaba totalmente paralizada. Pero te agradezco que vinieran estos siervos amorosos que dieron leche a mis hijos, que hicieron recados y se ocuparon de las gestiones necesarias. Gracias porque vinieron. Ellos fueron hoy tus manos y tus pies.

Señor, ya nada parece estar bien. Nadie dice lo correcto. No espero que lo hagan. No hay nada bueno que decir. Nada encaja, ¡y yo me siento tan sola! Le necesito. No siempre le valoré o le dije que le amaba, pero le necesito, Padre. Me ha abandonado en este mundo. Te pido que me aportes consuelo. El dolor es tan profundo, tan intenso. Tú eres mi única esperanza.

Señor, no fui una esposa perfecta. Dios mío, ojalá hubiera hecho más esfuerzos en algunos ámbitos y me hubiera aferrado menos a algunos rencores. Ayúdame a saber que nadie es perfecto. Ayúdame a encontrar paz en los dulces recuerdos y a reconocer que hice lo mejor que pude para ser una buena esposa, y que él lo sabía. No siempre intercambiamos las cosas que debíamos. Pensábamos que teníamos más tiempo.

Señor, gracias por recordarme por medio de los amigos y de los seres queridos que debo cuidarme. Los demás me necesitan. Tú me necesitas. No puedo perderme completamente en esto. Debo depender de ti para ayudarme a superarlo, del mismo modo que me has ayudado en otras épocas de dificultad. Esto parece demasiado grande, pero nada es demasiado grande para mi Dios.

Gracias por el honor de haber sido su esposa. Gracias por la foto del día de la boda que capturó el momento. Gracias por nuestros hijos que tienen sus expresiones y su pasión. Haz que podamos vivir su legado en este mundo. Gracias por el tiempo que tuvimos con este hombre especial; ayúdame a confiar en tu tiempo a pesar de que parezca que nos dejó demasiado pronto.

Muerte de un hijo

Dichosos los que lloran, porque serán consolados.
MATEO 5:4 NVI

Hay un viejo himno que dice: "Te necesito a cada hora, preciosísimo Señor". Cuando un hijo muere, necesitas a Dios como nunca antes le habías necesitado. Al principio te sientes abrumada por el impacto y, a continuación, la tristeza se asienta y no se aplacará.

Las personas no saben qué decir, y expresan todas las cosas incorrectas. Sin embargo, es imposible imaginar qué sería lo correcto. No hay palabras. Solo hay una honda y profunda pérdida.

Tú trajiste a este hijo al mundo, y ni en la peor pesadilla pensaste que lo enterrarías. Eras su madre. Supliste cada necesidad cuando era niño, le enseñaste y lo guiaste cada día de su vida. ¿Cómo podría ser esta la voluntad de Dios? Esto parece un horrible error.

En tus días de dolor más profundo, Dios está ahí. Está contigo cada hora, cada minuto. Él no te ha abandonado ni te abandonará un solo segundo. Descansa en su eterno amor.

Padre, gracias porque las olas de la tristeza no son más que eso, olas. Gracias por ocuparte mediante tu misericordia de que haya momentos de liberación. Son pocos y esporádicos ahora mismo, pero llegarán. Hay momentos en los que no lloro. Hay momentos en los que soy capaz de sonreír o de pensar en otra cosa, y hasta duran lo suficiente como para completar una tarea rutinaria. Gracias por esos momentos de liberación.

Nadie sufre como sufro yo. Era la madre de este hijo. Sentí los dolores de parto cuando llegó a esta vida, lloré de horror al verme obligada a tener que ver su final. Gracias porque, a pesar de este profundo dolor, sé que en ti no existe el final de la vida. Veré a mi hijo amado una vez más en el cielo. Esta es una promesa a la que me aferro hoy.

Sé que tienen buenas intenciones, pero sus palabras hieren. Otros sencillamente no saben cómo tratar con esto. Yo tampoco. Por favor, ayúdame a tener gracia y a perdonar cuando sus palabras sean erróneas. Padre, tienen buenas intenciones. No saben lo que hacen cuando me dicen estas cosas.

Padre, ya nada tiene sentido. Gracias porque basta con estar en silencio delante de ti. No tengo palabras, y no puedo orar. Hoy no. Gracias por asegurarme que está bien guardar silencio y mantenerme cerca hoy.

Finalmente debo encontrar una nueva normalidad. ¿Me ayudarás, Señor? Esto no me parece normal en absoluto, intentar continuar, seguir viviendo cuando mi hijo ya no está conmigo. Necesito tu ayuda para superar el día. Te necesito para que me ayudes a hallar una nueva forma de vivir.

Dios, a veces me trae un poco de consuelo saber que tú también perdiste a tu hijo. Lo viste colgado en una cruz, y morir de una muerte terrible que no merecía. Lo entregaste de forma voluntaria por nosotros. Puedo confiar en ti, porque tu consuelo no es solo simpatía sino empatía. Tú también has enterrado a un hijo.

Dios, yo sé que esta pena es el precio que pago por haber amado con todo mi corazón. No me lamento de amar a mi hijo con el amor que solo una madre puede dar. Lo haría de nuevo aun sabiendo que iba a acabar. Amaría del mismo modo. ¿Cómo perderme el privilegio de ser una mamá para mi hijo? Padre, abrázame mientras lloro esta honda y profunda pérdida.

Muerte de los padres

No los voy a dejar huérfanos; volveré a ustedes.
JUAN 14:18 NVI

*¿E*stás experimentando un sentimiento de pérdida o de abandono por la muerte de tus padres? A pesar de que ninguna familia es perfecta, los padres son, a menudo, los pilares o la estabilidad de una familia unida. Cuando se van, se pierde sencillamente algo vital. Queda un vacío. Eran *tu mamá y tu papá*. Mucho antes de que llevaras la mayoría de los demás títulos que ahora ostentas, tú eras su *hija*.

Aunque tus padres ya fueran ancianos cuando murieron, o incluso si tu relación con ellos era tensa, perder a los padres altera la vida.

Tienes que saber que a Dios no le sorprende esto. Él ordenó cada día de los que tus padres vivieron en la tierra. Sabía cuándo llegaría el momento de llevarlos a casa. Él está ahí para ayudarte mientras avanzas por este momento de tristeza, hacia un futuro que será diferente, pero en el que seguirán teniendo momentos de gozo y nuevas bendiciones. Él nunca te dejará huérfana.

Padre, te doy las gracias por los recuerdos, pero hoy me aportan poco consuelo. En cambio, me hieren. Echo de menos a mis padres. Echo de menos todos los momentos felices. Te pido que un día pueda disfrutar de los recuerdos de nuevo sin dolor. Te ruego que me lleves mientras dure esta experiencia de dolor.

Dios, independientemente de la imperfección de mis padres, eran los progenitores que tú me diste. A pesar de todos los altibajos, ellos eran mis padres. Ayúdame a honrar la memoria de mis padres mientras recorro este tiempo de pérdida.

Padre, estoy sacudida por esta pérdida. Es una pérdida que me llega hasta lo más hondo de mí, porque mis padres estuvieron conmigo desde el principio. No recuerdo la vida sin ellos. Ser su hija se produjo mucho antes de ser una esposa o de tener una profesión. En realidad, no quiero descubrir cómo es estar sin ellos, pero no tengo otra elección. Padre, ayúdame. ¡Hoy me siento tan triste!

Amado Dios, soy quien soy en gran parte por mis padres, y ahora me encuentro sin esas personas tan cruciales en mi vida. Ayúdame a recordar todas las lecciones que aprendí al pasar la vida junto a mis progenitores todos estos años. Ayúdame a olvidar lo malo y a aferrarme a lo bueno. Ayúdame a honrar la memoria de mis padres siendo un hermoso legado como hija suya en este mundo.

Jesús, hay palabras que desearía haber pronunciado y abrazos que me habría gustado dar. Me gustaría haberme esforzado más por hacer visitas. Hay cartas que no se enviaron y llamadas que no efectué por estar demasiado ocupada. Te ruego que quites mi culpa y que me recuerdes hoy todas las cosas que hice bien por mis padres.

Supongo que siempre supe que mis padres morirían antes que yo. En cierto modo se esperaba. Pero saber que pasaría y experimentarlo son cosas muy diferentes. No tenía ni idea de lo doloroso que sería. Dame la fuerza para experimentar y sufrir esta tristeza. Te ruego que me des el apoyo en los momentos precisos, ya sea por parte de mi esposo, de mis amigos o de mis compañeros de trabajo. Tú sabes exactamente lo que necesito para superar esto.

Señor, a mi vida no llega nada que tú no hayas permitido. Incluso esta profunda pérdida de mis padres fue ordenada por ti. Tu Palabra indica que has ordenado cada día que vivimos. Tú los enumeras. Mis padres vivieron el número exacto de días que tú estableciste. Esto me trae consuelo. Me recuerda que tú tienes el control y que, incluso ahora, cuando nada parece bien, tú lo controlas todo y lo seguirás haciendo.

Muerte de una mascota

*El llanto podrá durar toda la noche, pero
con la mañana llega la alegría.*

SALMO 30:5 NTV

~

Las mascotas son una parte especial de nuestras vidas. A menudo son incluso más fieles que los seres humanos en nuestras vidas. Cuando muere una mascota, hay un sentimiento de pena equivalente a cuando perdemos a una persona que forma parte de nuestro entorno. Lloramos la pérdida, y esto es normal. A pesar de que algunos opinarán que nuestra mascota era "solo un animal", Dios comprende la tristeza. Él creó una maravillosa variedad de criaturas para que llenasen su mundo con singularidad y belleza.

Cuando llegue el momento adecuado, puedes tener una nueva mascota, pero no hay prisas ni presión. Tómate tiempo para llorar durante este momento difícil. Recorrerás las etapas de la pena como con cualquier otra pérdida y, un día, antes de que pase mucho tiempo, serás capaz de sonreír y de disfrutar de los recuerdos felices del tiempo que pasaste con tu mascota. Permite que el Señor te consuele con su amor mientras experimentas esta tristeza que tan solo forma parte de haber amado profundamente a un animal amigo.

Amado Dios, echo de menos a mi mascota. Hay un gran vacío en la casa. Cuando llego a casa me siento tan sola. Por favor, consuélame mientras lloro.

Cuando mi esposo estaba demasiado ocupado con el trabajo, mi mascota estaba ahí. Cuando los chicos salían corriendo con sus amigos, siempre tenía la compañía de esta mascota especial. Siempre fui suficiente para ella. Existía un vínculo especial que extrañaré terriblemente ahora. Sé que comprendes mi tristeza, Dios. Te ruego que me ayudes a avanzar en medio de este tiempo de tristeza y salir airosa, poder volver a sonreír otra vez y, quizá, incluso disfrutar de tener una nueva mascota.

Dios, gracias por darme a mi mascota y por permitirme aprender de este pequeñín especial. Parece tonto decir que aprendí de una mascota, pero lo hice. Gracias por las lecciones que aprendí a través de ser tan profundamente amada por un animal. Gracias por los recuerdos. Lo haría una y otra vez, incluso a pesar de tener que experimentar esta tristeza y esta pena.

Dios, tú creaste a mi mascota. Tú soplaste vida en cada criatura viviente, y tú sabes cuánto tiempo debemos pasar en esta tierra. Sé que tú querías a este pequeño animal incluso más que yo. Padre, gracias por ello.

Señor, gracias por haberme dado sensibilidad hacia los demás que han perdido a sus mascotas. Yo también he pasado por ello. Comprendo la pérdida devastadora. Ayúdame a estar ahí para los demás cuando estén experimentando el dolor de perder a un querido animal amigo.

Como mujer de la casa, a menudo era yo quien me ocupaba de las necesidades de nuestra mascota especial. Llenaba los cuencos de comida y de agua. Concertaba las citas con el veterinario. Intentaba enseñarles responsabilidad a los chicos a través de tener una mascota, pero, al final, ¡esta mascota dependía mucho de mí! Siento un pequeño vacío ahora que se ha ido. Necesito que me precisen del mismo modo que ella me necesitaba. Tal vez pueda sonar raro, por lo ocupada que estoy como esposa y como madre, pero echo de menos cuidar de nuestra mascota. Te pido que me traigas el consuelo y que llenes hoy ese vacío con tu amor.

Señor, haz que mis hijos puedan aprender por medio de esto. Haz que entiendan que, a menudo, el amor conduce a la pérdida, pero que siempre merece la pena. Señor, te pido que nos enseñes a todos a estar abiertos a amar a otra mascota.

Padres ancianos

*Oye a tu padre, a aquel que te engendró; y cuando
tu madre envejeciere, no la menosprecies.*
PROVERBIOS 23:22 RVR1960

Siempre supe que llegaría este momento. Los
papeles se han invertido. Yo estoy cuidando de mis
padres de la forma en que ellos me cuidaron a mí
una vez. Parece tan extraño. ¡Mis padres siempre
fueron tan capaces! Nunca me necesitaron para
nada. Ahora sí me precisan.

Por favor, dame paciencia para escuchar esa
historia una vez más. Te ruego que me des las
palabras que debo pronunciar cuando sepa que
necesitamos hacer un cambio, como llevar las llaves
del auto o salir de su propia casa. Por favor, ayúdame
a amar a mis padres de la forma adecuada y a
honrarlos como tú mandas en tu Palabra. Por favor,
ayúdame a tomar tiempo para disfrutar de mis padres
conforme se hacen mayores. Un día dejarán de estar
conmigo. No quiero mirar atrás con pesar.

Dios, tú uniste a mis padres en el vientre de sus madres. Has estado con ellos durante toda su vida. Sé que permanecerás fiel a lo largo de esta vida y de la siguiente, que mantendrás tus promesas para con ellos. Gracias por su larga vida y por la bendición que mi madre y mi padre son para mí.

Padre, no siempre es fácil saber qué hacer. Quiero que mis padres disfruten de su independencia todo lo que sea posible. Pero me da miedo cuando ocurren cosas que podrían resultar peligrosas para ellos. Te ruego que me guíes y me des sabiduría cuando tome decisiones difíciles con respecto a mis ancianos padres.

Jesús, tú fuiste un líder-siervo, e incluso lavaste los pies de tus discípulos. Te ruego que me des también a mí un corazón de servicio. Si necesito ayudar a mis padres en cosas como bañarse o ir al cuarto de baño, permíteme saber cómo asistirles mientras les ayudo a sentirse bien por ello. Quiero que tengan su dignidad. ¡Los amo tanto!

El pelo gris es una corona de gloria que se gana al vivir una vida piadosa (Proverbios 16:31). Ayúdame a recordar que honre a mis padres hasta sus últimos días. Ellos se han ganado y merecen mi respeto.

Padre, te pido hoy que les des a mis padres
momentos de lucidez. Aun a pesar de que su
cuerpo les esté fallando, sé que tú permaneces
fiel y verdadero. Dales vecinos que se preocupen
y momentos de gozo, como observar a los pájaros
desde la ventana de la cocina, simplemente pequeñas
cosas que les animen a lo largo del día. Señor,
gracias por amar a mi madre y a mi padre.

Incluso en el Antiguo Testamento te aseguraste
de que el pueblo supiera que debían respetar a los
ancianos. Tu ley les indicó que se pusieran en pie
en presencia de sus ancianos (Levítico 19:32). Estoy
tan agradecida por mi padres, y quiero mostrarles el
respeto que se les debe.

Pecado oculto

*Mientras guardé silencio, mis huesos se fueron
consumiendo por mi gemir de todo el día. Mi
fuerza se fue debilitando como al calor del verano,
porque día y noche tu mano pesaba sobre mí.*
SALMO 32:3-4 NVI

*E*n realidad, el pecado oculto no está escondido en absoluto. Puedes intentar encubrírselo a los demás o tan siquiera de Dios. Esto nunca funciona. Cuando el corazón de un creyente no está en paz con Dios, esto se ve en su rostro y en sus interacciones con los demás.

El pecado secreto se encona y se amplía en nuestras vidas. Nos hace mentir, y una mentira siempre suele llevar a otra. Incluso las mentiras de omisión son un territorio peligroso. No decir toda la verdad es tan malo como mentir directamente.

Jesús quiere que halles libertad de tus pecados escondidos. Ponerlos bajo la luz es la única forma de experimentar el verdadero perdón y la paz. Cualquiera que sea la cosa contra la que estés luchando, Él está listo para perdonarte y ayudarte a seguir adelante como una nueva mujer. Hazlo hoy. Acude a Jesús. Confiesa. Acércate a aquellos a los que has estado hiriendo como resultado de este pecado. Arregla las cosas. Se eliminará tu carga. ¡Te sentirás como si hubieras recibido nueva vida!

Dios, este pecado oculto está consumiendo mi corazón. Me está robando la paz. Ayúdame a entregártelo. Ayúdame a huir de él para que deje de tener poder alguno sobre mí. La tentación es grande, pero no quiero volver a ello nunca más.

Padre, contigo no existen secretos. Me entretejiste en el vientre de mi madre. Allí yo era un simple secreto aún, ¡y tú ya me conocías entonces! ¿Qué me hace pensar que puedo esconder el pecado de ti? Hoy elijo situar este pecado oculto bajo la luz. Señor, perdóname por esconderlo de ti como Adán y Eva hicieron en el jardín. Quiero volver a ser justa contigo de nuevo.

Hay hábitos que he desarrollado y que no se alinean con lo que afirmo ser. Voy a la iglesia los domingos y te adoro con canciones, pero la adoración acaba en la puerta. Estoy llevando una doble vida, y quiero venir limpia ante ti, Padre, y ante mi familia. ¡Estoy tan cansada! Por favor, dame el valor para confesar.

Examina mi corazón. Si encuentras cualquier camino malo, tráelo a la luz. No quiero que nada se interponga entre tú y yo, Padre.

Nada está encubierto u oculto. Al final, todo se conocerá (Lucas 12:2).

Seguir con la actuación me resulta agotador. Actúo de una forma pero estoy encubriendo lo que subyace bajo la superficie. La vida en la que yo pensaba no es lo que debería ser y, finalmente, algunas de mis acciones me han atemorizado. Padre, vuelve a acercarme a ti antes de que sea demasiado tarde. Este secreto está destrozando mi vida.

Vengo ante ti con las manos y el corazón sucios. Sé que la paga del pecado es la muerte. Siento como si fuera una mujer muerta que, de algún modo, sigue caminando entre los vivos. Padre, te confieso este pecado. (*Cuenta el pecado o pecados que has estado ocultando a Dios aquí*). Te pido que me perdones en el poderoso nombre de Jesús, y que me pongas en un nuevo camino para mi vida.

Remordimiento

Hermanos, no pienso que yo mismo lo haya logrado ya.
Más bien, una cosa hago: olvidando lo que queda atrás
y esforzándome por alcanzar lo que está delante.
FILIPENSES 3:13 NVI

*E*l apóstol Pablo, que escribió estas palabras en una carta a los Filipenses, tuvo un pasado sórdido. Había sido un asesino de cristianos. Mirar en retrospectiva solo conseguiría provocarle un profundo remordimiento y pesar. No tenía tiempo para tales cosas. Estaba ocupado en la obra del reino. Estaba predicando el Evangelio y propagando las buenas nuevas de Jesús.

Si le has pedido a Dios que te perdone, Él lo ha hecho. Es tan sencillo como eso. Eres una pizarra limpia. Ahora, regresa del pasado, ve hacia tu futuro, y deja que Dios escriba sobre esa pizarra como Él desee. Comprométete hoy a centrarte en Jesús y descubrirás que los remordimientos inquietantes con los que has estado cargando se desvanecen. *"Fija tus ojos en Cristo, tan lleno de gracia y amor. Y lo terrenal sin valor será, a la luz del glorioso Señor"*.

Señor, sigo mirando atrás. Sé que me has perdonado, pero estoy luchando por perdonarme a mí misma. Este pecado parece más grande que los demás. Se diría que es algo por lo que debería pagar el resto de mi vida. Ayúdame a aceptar que Jesús pagó la deuda por todos mis pecados, y que soy perdonada y amada. En Él soy una nueva criatura.

He quebrantado uno de tus mandamientos, oh Señor. No he sido una mujer piadosa. Nadie conoce el secreto que guardo. Pero tú lo conoces. Escuece dentro de mí, y siento que tal vez me ayudaría contárselo a alguien. Te ruego que me conduzcas a una persona de confianza, si esto ha de ayudarme de verdad. Estoy llena de remordimiento y desearía poder volver atrás y cambiar las cosas. No puedo. Por favor, abrázame fuerte, Padre. Hoy me siento tan poco merecedora de tu amor.

Si confieso mis pecados, tú eres fiel en perdonar y limpiarme de toda mi injusticia (1 Juan 1:9). No tengo que vivir con remordimiento. Es una carga que tú deseas que yo rinda a tus pies. Ayúdame a hacer exactamente eso, Señor, y dame la fuerza para continuar en lugar de retomarlo.

Señor Jesús, dame un corazón alegre. Un corazón alegre crea una cara alegre. He estado abrumada con esta pena desde hace demasiado tiempo. Mi espíritu se ha destrozado por el profundo pesar respecto a lo que he hecho. Anhelo ser feliz de nuevo (Proverbios 15:13).

Acudo a ti, Soberano Dios. Cambio un rostro que refleja remordimiento por uno que brilla con el resplandor de mi Dios. Soy perdonada y libre (Salmo 34:5).

Siento profundamente la forma en la que se han dado las cosas. Ojalá pudiera volver atrás las manecillas del reloj, cambiar mis actos y refrenar mi lengua. Ojalá pudiera tomar decisiones diferentes. Ojalá... pero el deseo puede continuar y continuar, y aun así nada cambia. Oí decir una vez que si pasamos demasiado tiempo habitando en el pasado, nos perderemos el presente y no tendremos futuro. Señor, ¡no quiero que eso me ocurra a mí! Ayúdame a liberar el pasado y a aferrarme al futuro que tienes reservado para mí. Quiero ser usada de una forma poderosa para tu reino.

Preocupación

No se preocupen por nada; en cambio, oren
por todo. Díganle a Dios lo que necesitan y
denle gracias por todo lo que él ha hecho.
Filipenses 4:6 ntv

*L*as mujeres nos angustiamos. Nos preocupamos
por las personas de nuestra vida, nuestros hijos,
nuestros padres, nuestros esposos, nuestros amigos.
Nos preocupamos por ganar peso y por perder
dinero. Nos preocupamos por el futuro. Pero ¿a
dónde nos lleva toda esa preocupación? A ningún
sitio.

La Biblia declara que cada día tiene suficiente
preocupación de por sí. En otras palabras, no tomes
prestados los problemas. Las preocupaciones nos
impiden que experimentemos la vida abundante que
Dios nos ha dado. También le indican a Dios que no
confiamos en Él.

Céntrate en transformar tus preocupaciones en
oraciones. Cada vez que aparezca una preocupación,
crea el hábito de elevarla a Dios. Cuando le ofrezcas
tus preocupaciones, estas perderán su poder de
pisotear la paz de Dios en tu vida.

Dios, te entrego mi presente y mi futuro, porque sé que puedes manejarlos mejor de lo que yo jamás podría. Has aparecido en mi pasado y has satisfecho cada una de mis necesidades. Has llenado mi vida de bendiciones. Ayúdame a confiar en ti en lo desconocido contando con lo que sé: que tú eres un Dios fiel.

Tú eres un Dios grande. Eres mayor que todas las pequeñas cosas por las que me preocupo. Eres superior a Satanás, que intenta arrastrarme hacia abajo con ansiedad y temor. Clamo al nombre de Jesús, y pido poder para luchar contra las fuerzas espirituales que pelean cada día contra los cristianos.

Señor, eres *Jehová-Jireh* (el Señor proveerá). Proveíste un carnero para que Abraham lo sacrificara en lugar de su amado hijo Isaac. Tú proveíste en el momento justo en que se necesitaba un sacrificio. Gracias por la seguridad de que tú también proveerás para mis necesidades. Puedo confiar en ti toda mi vida; en cada etapa, en cada encrucijada. Confiaré en mi Proveedor.

Tú estás conmigo y estás para mí. Si Dios es conmigo, ¿quién puede estar contra mí? ¿Qué importa si lo están? Nadie es más fuerte que mi Dios.

Señor, así como la mamá gallina protege a sus polluelos, tú proteges a tus hijos (Salmo 91:4). No tengo motivo para preocuparme o temer. Siempre estás conmigo, me vigilas y trazas el camino ante mí, paso a paso. No me das más de lo que puedo manejar. Me creaste y me conoces mejor que yo misma. Dios, confío en ti.

Señor, te apareciste a Daniel en el foso de los leones. En mi propia vida has demostrado una y otra vez que siempre estás ahí para tus hijos. Sabes lo que necesitamos y cuándo lo precisamos. Esta vida es un viaje, y es una lección de confianza. Ayúdame a ser una erudita que aprende pronto las lecciones, de manera que no me pase los años preocupándome.

Estoy luchando bajo el peso de una carga que tú podrías llevar con facilidad. El problema es que no pelearás conmigo. Me dices que eche mis preocupaciones sobre ti. Me pides que confíe en ti y que no me apoye en mi propio entendimiento. Me indicas que tus caminos son más altos que los míos (Isaías 55:8-9), y que tú conoces los planes que tienes para mí (Jeremías 29:11). Y, sin embargo, lucho bajo el peso de la preocupación. Padre, ayúdame a no prestarte servicio solo de labios en señal de rendición, sino que me rinda de verdad. Sigo volviendo a las preocupaciones. Ayúdame a depositarlas por completo y para siempre ante tu trono. Tú eres lo suficientemente fuerte para llevar todas mis preocupaciones.

Relaciones disfuncionales

A todos los que se lamentan en Israel les dará una corona de
belleza en lugar de cenizas, una gozosa bendición en lugar de
luto, una festiva alabanza en lugar de desesperación.
Ellos, en su justicia, serán como grandes robles que
el Señor ha plantado para su propia gloria.
ISAÍAS 61:3 NTV

*L*as relaciones son, en el mejor de los casos,
complicadas. Cada vez que dos personas entran en
una relación de cualquier tipo (padre con hijo,
esposo con esposa, hermano con hermana, amiga
con amiga) las cosas se complican. Todos somos seres
caídos, pecadores e imperfectos. Cuando añades
capas de asuntos como el divorcio, la pérdida, la
decepción y las muletas o las adicciones, las cosas se
complican de manera adicional… con frecuencia
pueden llegar a ser disfuncionales.

Deseo que sepas que el Padre ve el dolor de
tus relaciones. Él sabe que quieres que las cosas
vayan mejor, aun cuando tú no conoces los medios
para conseguir los cambios necesarios. Él sabe el
pesar que sientes cada vez que el viejo ciclo vuelve
a iniciarse. Él quiere sacar belleza de las cenizas.
Búscale. Él es el único Dios verdadero, el único que
es capaz de lo imposible.

Dios, algunas de estas cosas no son culpa mía. Ayúdame a ver las partes de las que necesito tomar responsabilidad y a hacer los cambios necesarios. Quiero que esta relación mejore y, sin embargo, sigo haciendo y diciendo las mismas cosas. No basta con querer. Debo actuar. Te pido que me guíes y me ayudes a ver mi parte en todo para que pueda cambiarlo.

Dios, dame un nuevo corazón. Lo necesito. Estoy tan enojada y dolida, e intento controlar esta relación, pero siempre fracaso. Tú eres el único camino, la verdad y la vida. Por favor, renueva mis esfuerzos hoy, y dame un corazón completamente nuevo hacia las personas involucradas (Salmo 51:10).

Padre celestial, oigo hablar de los límites,
pero ni siquiera sé cómo serían en mi mundo.
Continuamente hago todo por todo el mundo, en
un intento de agradar, de mantener la paz. Sé que
esto no es sano. Enséñame dónde necesito establecer
límites sanos, Padre. Dame la oportunidad de
cuidarme para que pueda quedarme algo que dar a
los demás.

Señor, en una ocasión oí decir que no conseguirás
un resultado diferente si sigues haciendo las mismas
cosas una y otra vez. Me siento como si estuviera
atrapada en un mal sueño. Mi amado y yo seguimos
teniendo los mismos problemas, las mismas peleas,
la misma disfunción entre nosotros. Por favor,
dame el discernimiento para que pueda ver un
nuevo camino. Estoy cansada de estos mismos viejos
resultados.

Jesús, necesito ayuda. Necesito un consejero o alguien realmente sabio que me guíe. No sé en quién puedo confiar ni quién me puede proporcionar un sano consejo bíblico. Por favor, muéstrame dónde ir para que no tenga que cargar sola con esto por más tiempo. Esta relación está destruyendo mi vida.

Señor, no puedo admitir esto ante mis padres o mis hermanos. No hay una sola amiga a la que siento poder acudir y compartir la profundidad de esta disfunción en mi matrimonio. Me siento avergonzada. No sabía que las cosas podían llegar a ponerse tan feas. Cuando hicimos nuestros votos no tenía ni idea de lo difícil que sería para mí mantenerlos. Por favor, ayúdame. Muéstrame a alguien en quien poder confiar, que pueda ayudarnos a salir de esto. Las cosas tienen que mejorar, y creo que es posible… con tu ayuda.

Retos

Cuando salgas a pelear contra tus enemigos y veas un
ejército superior al tuyo, con muchos caballos y carros de
guerra, no les temas, porque el Señor tu Dios, que te sacó
de Egipto, estará contigo. Cuando estés a punto de entrar
en batalla, el sacerdote pasará al frente y exhortará al
ejército con estas palabras: "¡Escucha, Israel! Hoy vas a
entrar en batalla contra tus enemigos. No te desanimes ni
tengas miedo; no te acobardes ni te llenes de pavor ante
ellos, porque el Señor tu Dios está contigo; él peleará en
favor tuyo y te dará la victoria sobre tus enemigos".

DEUTERONOMIO 20:1-4 NVI

Hay una canción infantil cuya letra dice: "¡Mi Dios
es tan grande, tan fuerte y potente! ¡No hay nada
imposible a mi Dios!".

Es fácil cantar junto a los chicos y hacer gestos
divertidos con las manos, flexionar nuestros
músculos y señalar hacia el cielo para mostrar que
nuestro Dios es fuerte. Pero ¿qué ocurre cuando
te enfrentas a un reto? Cuando te levantas cada
mañana, sabes que en tu día te enfrentarás a desafíos,
unos días serán pequeños, ¡y otros son gigantes!

Cada día vas a la batalla y Dios va contigo. Antes de que pongas el pie en el suelo, mientras aún estás bajo el edredón, y tu cabeza repose sobre tu almohada, encomiéndale tu día. Pídele que te acompañe y que pelee tus batallas por ti. No hay reto demasiado grande para nuestro Dios.

Del mismo modo que Noé construyó un arca y reunió a las parejas de animales cuando no se avistaba nube de lluvia alguna, me enfrentaré a este día con la completa fe de que tú eres quien dices ser. Tú eres el Dios del universo, y estás de mi lado. Ayúdame a saber lo que debo hacer con respecto a este obstáculo que está en mi camino.

Pienso en el joven David con su honda. Fue capaz de matar al gigante, no por sus propias fuerzas ni por su experiencia, sino por su confianza en ti, Señor. Estaba peleando la buena batalla. Estaba en el lado correcto. Acércame a ti. No quiero estar en la primera línea de esta batalla sin tenerte a ti a mi lado como oficial al mando.

Recuerdo haber aprendido en la escuela que el cerebro debe experimentar retos o dejará de producir dendritas. Supongo que la vida espiritual es también así. Tiendo a acercarme más a ti en los momentos de pruebas. Cuando la vida transcurre con normalidad, a menudo me aparto de ti y voy a la deriva. Cuando me enfrento al reto, corro a tu lado. Soy más fiel en la oración. Te busco en tu Palabra, y camino más cerca de ti. ¡Los retos pueden ser algo verdaderamente positivo en mi vida!

Señor, como mujer cristiana estoy luchando en una sociedad muy mundana. Siento que los demás no comprenden por qué tomo las decisiones que tomo. Es duro ser diferente. Tu Palabra promete que cuanto más participe en los sufrimientos de Cristo, mayor gozo experimentaré un día cuando su gloria sea plenamente revelada (1 Pedro 4:13). Dame el aguante necesario para permanecer firme en mi fe.

Padre celestial, los retos a los que me enfrento no son exclusivos para mí. No hay nada de raro en enfrentarse a las pruebas y a las dificultades. Los creyentes han experimentado situaciones duras durante generaciones. No debería consternarme cuando un reto se interponga en mi camino (1 Pedro 4:12). Señor, te pido que estés conmigo ahora del mismo modo en que estuviste con los seguidores de Cristo en el pasado. Llévame en tus brazos. Necesito tu ayuda.

"Josué peleó la batalla de Jericó, y las murallas se vinieron abajo". Recuerdo cantar esta canción de niña, Señor. Me sorprendió tanto que los hombres lo lograran cuando soplaron las trompetas y rompieron los cántaros. ¿A quién se le habría podido ocurrir jamás? Podría usar algunas murallas para derrumbarlas ahora mismo, Dios. Muéstrame el camino. Ábreme a métodos poco ortodoxos. Haré frente a este reto de la forma en que tú me dirijas, y entonces seré capaz de permanecer atrás y contemplar tu obra. Gracias de antemano por la dirección que sé que tú me proporcionarás.

Soledad

Alma mía, en Dios solamente reposa,
porque de él es mi esperanza.
Salmo 62:5 RVR1960

Si estás soltera, lo más probable es que sientas la soledad de no tener marido. Si está casada, tal vez estés sola en tu matrimonio. Si tienes hijos, es posible que te sientas sola cuando no están, o que pienses en los días en que vivías sin las trabas de los deberes maternales. Echarás de menos el ir de acá para allá con tus amigas, libre como el aire. Sentirás la soledad de que esas amigas apenas te visiten ya, ahora que cambias pañales o que eres la chófer de desplazamientos compartidos. Si vives sola, puede ser que anheles compañía. Si vives con otros, quizás estés sola incluso en su presencia. La soledad no siempre significa estar solo. Se puede una sentir dolorosamente sola incluso en medio de una multitud de personas.

Si dependes del hombre para que llene ese agujero de tu corazón que tiene la forma de Dios, descubrirás que la pieza del puzle nunca encajará bien. Seguirás estando sola y te cansarás de trabajar sin rumbo para llenar el vacío.

Aprende a buscar a Dios. Guarda silencio ante tu Creador, tu Redentor, tu Mejor Amigo.

Él es el único que puede llenar las grietas de soledad de tu alma.

Cuando te llamo, tú respondes. Cuando estoy en problemas, tú acudes enseguida. Tú estás conmigo. Dios, es un gran consuelo para mí (Salmo 91:15).

Señor, me siento sola. Son tantas las cosas que querría hacer, pero a menudo no puedo pensar en nadie que quiera hacerlas conmigo. Anhelo tener una amiga íntima. Por favor, ayúdame a encontrar una nueva amiga cristiana. Oh Padre, recuérdame que aunque tuviera centenares de amigos, te necesito a ti más que a cualquier otro.

Padre celestial, está tumbado en la cama a mi lado, pero me siento sola. Nos sentamos en torno a la misma mesa para cenar, pero no se me ocurre qué cosas decir para llamar su atención. Nos hemos distanciado, y me siento muy sola en mi matrimonio. Padre, ayúdanos por favor. Te ruego que me ayudes a llegar hasta él. Muéstrame cómo volver a conectar con mi esposo, te lo suplico.

Tú no me dejarás. Me has llamado por mi nombre. Me has reclamado como posesión tuya. Cuando pase por las profundas aguas, no dejarás que me ahogue (Isaías 43:1-5). La soledad me abruma, pero tú sigues aquí conmigo. Tú nunca apartas la mirada. Tú nunca deambulas. Tú eres mi Dios que siempre está cerca. Por ello te estoy sumamente agradecida.

Señor, ayúdame a alcanzar a los que hoy puedan sentirse solos. A menudo, esto me ayuda a hacer algo por los demás. Siempre hay alguien que está peor que yo, alguien a quien yo le pueda ministrar, alguien a quien le podría venir bien un amigo. Muéstrame las oportunidades que tienes para que yo sea hoy una luz.

Padre, esta es una época de soledad para mí.
Recuerdo un tiempo en el que mi vida estaba llena
de personas. Las cosas han cambiado. Me encuentro
sola con mayor frecuencia. Señor, utiliza este tiempo
para acercarme a ti. Permíteme tener comunión con
mi Padre cuando esté sola. Como cristiana, nunca
estoy realmente sola, pues tú siempre estás cerca.
Siempre estarás conmigo, incluso al final de la era
(Mateo 28:20).

Señor, estoy ocupada con mis hijos todo el día.
Mi casa y mi coche están llenos con mis propios
hijos, sus amigos y compañeros de clase casi todo el
tiempo. ¿Cómo puedo sentirme sola aún? Creo que
echo de menos las conversaciones adultas. Necesito
amigas de nuevo en mi vida. Dios, gracias de
antemano por ayudarme a encontrar algo de tiempo
para mí, aparte de ser madre.

Temor

No temas, porque yo estoy contigo; no desmayes, porque
yo soy tu Dios que te esfuerzo; siempre te ayudaré,
siempre te sustentaré con la diestra de mi justicia.
ISAÍAS 41:10 RVR1960

*¿A*lguna vez has visto a un hombre protegido por
un guardaespaldas? El guardaespaldas tiende a ser
mucho más grande y más fuerte. El hombre, ya sea
una celebridad o el presidente de los estados Unidos,
puede seguir con su trabajo. No tiene que mirar a
un lado ni al otro. No tiene que temer por lo que no
ve mientras estrecha manos y pronuncia discursos.
¿Por qué no tiene miedo? Porque su guardaespaldas
está vigilando. Su trabajo consiste en proteger. Su
trabajo es entregar su vida si fuera necesario.

Este tipo de protección se amplía por millones
cuando consideras que el Dios del universo te está
vigilando. Él te indica que no temas. Él está contigo.
No es necesario mirar a la izquierda ni a la derecha.
Él te sostendrá con la diestra de su justicia. Cuenta
con esa promesa. No temas.

Señor, como mujer, a veces tengo miedo y me siento vulnerable. Me asusta estar sola. Temo al fracaso. Tengo miedo a abrirme, a amar y a confiar en los demás. Tengo miedo de las cosas a las que no tengo que temer. En tu Palabra me señalas que cada día tiene bastantes problemas de por sí, y que no necesito buscar más afanes. Establece un guardia sobre mi corazón, Padre, para que no tenga temor de las cosas que no debo. Te pido que calmes mi espíritu para que pueda descansar en ti de nuevo.

Señor, tú eres mi refugio, mi fuerza y mi ayuda, siempre estás presente en los problemas (Salmo 46:1-2). Por este motivo, elijo no temer, independientemente de lo que ocurra. Ni siquiera la peor de las situaciones hará que me desmorone. Tú tienes el control. Tú harás que todas las cosas ayuden para mi bien.

Jesús, he tenido miedo. Estoy cansada de temer por cosas tontas, cosas que escapan de mi control. Tú, por tu gracia, me ofreces paz, tu paz. Es una paz de la que el mundo no sabe nada y que no puede ofrecerme. Con solo recibir tu paz, sé que mi corazón no estará atribulado ni temeroso de nuevo (Juan 14:27).

Abba Padre, cuando recueste mi cabeza sobre la almohada por la noche, descansaré en el conocimiento de que mi Creador tiene el control. No tengo nada que temer. Tú me vigilas mientras duermo. Me has prometido que nunca me abandonarás. Tú me cantas mientras duermo. La poderosa y apacible canción de cuna de mi Dios.

Señor, tú estás conmigo, así que no temeré. Te tengo a ti, y por eso no necesito asustarme de lo que los demás me puedan hacer. Mi Dios está de mi lado (Salmo 118:6).

Tú me has dado un espíritu de poder, de amor y de autodisciplina (2 Timoteo 1:7). No estoy sola. Tú vas conmigo a la batalla. Esta no me pertenece a mí. Es de mi Dios. Rechazo tener miedo. Clamo al poderoso nombre del Dios Todopoderoso para sobrellevarlo. Señor, gracias por pelear por mí.

Traición

No es un enemigo el que me hostiga, eso podría
soportarlo. No son mis adversarios los que me insultan
con tanta arrogancia, de ellos habría podido esconderme.
En cambio, eres tú, mi par, mi compañero y amigo
íntimo. ¡Cuánto compañerismo disfrutábamos cuando
caminábamos juntos hacia la casa de Dios!
SALMO 55:12-14 NTV

Justo antes de ser crucificado, Jesús compartió con
sus discípulos lo que se ha llegado a conocer como
la Última Cena. Estos eran los doce que habían
caminado muy cerca de Él. Era su círculo interno.
Y, sin embargo, uno de estos hombres lo traicionó, y
vendió información sobre su paradero, por tan solo
treinta monedas de plata. ¿Acaso Él no valía para
Judas más que la riqueza material?

Jesús entiende el aguijón de la traición. Conoce a
quien aparenta ser un amigo pero no lo es. Lo capta.

Debemos comportarnos como Cristo actuó.
Si afirmamos ser cristianos, debemos perdonar
y responder en amor, aun cuando seamos
traicionadas.

Padre celestial, me siento profundamente herida. Confiaba en él. Me traicionó. Sé que me dices que guarde mi corazón, pues es la fuente de donde brota la vida. No lo hice. Dejé que mi corazón se desenfrenara con demasiada facilidad. Lo puse en manos de otra persona. Al actuar así, te fui infiel a ti, Señor. Abrázame fuerte. Duele descubrir que no es el hombre que yo creía.

Señor, duele tener una amiga inconstante. Incluso las pequeñas traiciones dejan heridas. Hago planes con esta amiga, y ella los rompe una y otra vez al último minuto. No aparece. Llama para cancelarlos. Por favor, guíame respecto a si debo seguir mostrando gracia o si debería quizás alejarme un poco de esta persona. Necesito amigas con cuya presencia yo pueda contar.

Señor, traicioné a una amiga. Compartí información que no debía compartir. No he sido digna de confianza. No importa si mi amiga lo sabe o no. ¡Me siento tan culpable por dentro! Te ruego que me perdones por ser una chismosa. En el momento, una se siente bien por ser la que sabe. Después, me entristeció no haber sido fiel a mi amiga. *"La gente chismosa revela los secretos; la gente confiable es discreta"* (Proverbios 11:13 NVI).

Ninguno de los discípulos quería creer que podía ser el traidor. Y, sin embargo, en realidad, podría haber sido cualquiera de ellos, como también podría serlo yo. Todas somos pecadoras. Todas nos quedamos cortas. Todas lo estropeamos. Judas te traicionó, Jesús. Me hiere leer la historia. Por favor, mantén mi corazón fiel a ti, cueste lo que cueste, todos los días de mi vida.

Me siento aquí herida, sin dar crédito. La traición duele. Tú conoces el aguijón de la traición. Fuiste traicionado por Pedro tres veces antes de que el gallo cantara. Él dijo que nunca se apartaría de ti y, sin embargo, ocurrió. Recuérdame que somos débiles en nuestra humanidad. Dame un espíritu de perdón para que pueda alcanzar un lugar en el que poder perdonar a quienes me han traicionado.

Dios, parece que el matrimonio es algo del pasado. Observo cómo se deterioran los matrimonios de mis amigos. Los esposos traicionan a sus esposas, y las mujeres traicionan a sus maridos. Ayúdame a permanecer fiel a los votos de mi boda y leal a mi compañero.

¡Señor, no puedo creer que alguien se pueda volver así contra mí solo por subir un peldaño más en la escala o por llevarse el crédito! Te ruego que uses esto para enseñarme lo que se siente al ser traicionado, para que yo nunca trate a los demás de esa manera.

Pena

Dichosos los que lloran, porque serán consolados.
MATEO 5:4 NVI

La tristeza se presenta después de perder a alguien por fallecimiento, pero también nos apenamos por los que viven. Incluso podemos afligirnos por los sueños que no resultaron como habíamos imaginado. Tal vez tu padre, tu madre o tu marido te abandonaron. En muchos sentidos, la persona que te abandonó está ahora muerta para ti. Tienes que pasar por la tristeza. Si has experimentado el abuso, debes hacer el duelo de tu inocencia o de la confianza que una vez surgió con tanta facilidad. Es posible que te hayan robado tu niñez a una edad temprana debido al abuso sexual. El resultado es el dolor.

Es muy importante reconocer que la tristeza viene como resultado de la pérdida. Ya sea que hayas perdido a un familiar querido o a un amigo por culpa de la muerte o que hayas experimentado otro tipo de pérdida, el dolor es algo natural. Estarás en estado de shock o de negación. Sentirás enojo y tristeza. Es posible que intentes negociar con Dios. Pasarás por las etapas del dolor. Pero un día te recuperarás. La pérdida seguirá estando ahí, pero el dolor disminuirá. Confía en Dios para que camine contigo. Pídele que te sostenga de cerca cuando estés apenada. Llora ante Él. Él está ahí.

Querido Señor, estoy llorando una pérdida de hace mucho tiempo. Regresa a mí en ciertos momentos del año. Una situación o una frase pueden tomarme muy desprevenida. Me encuentro transportada a otro tiempo y a otro lugar. La pérdida se siente igual de profunda y el dolor igual de fuerte que entonces. Te pido que me consueles con tu Espíritu Santo. Es una profunda pérdida y, como poco, no debo intentar esconderla. Debo reconocer el dolor para que tú puedas proporcionarme un bálsamo calmante para mi alma.

Señor, te necesito. No puedo caminar sola en esto. Estoy afligida por alguien que aún vive. Creo que es más duro que sufrir por la muerte de alguien. Esta persona ya no forma parte de mi familia, pero esta no es mi elección. Simplemente debo aceptar la decisión que otro ha tomado y recorrer el camino del dolor que es el resultado de ello. No puedo controlar todas las pérdidas de mi vida. Dios, camina conmigo. Podemos hacerlo juntos. Puedo conseguirlo si tú estás conmigo y me aseguras que nunca me dejarás.

Jesús, estoy llena de dolor. Siento que no puedo continuar. He perdido una parte de mí. Ya no siento que soy yo misma. Abrázame fuerte. Sé que la tristeza es el precio que pagamos por amar. Lo pago con alegría. Amaría de nuevo con la misma plenitud aun sabiendo que al final me sentiría así.

He amado y he perdido. Es parte de la existencia humana. La belleza del dolor por un creyente en Cristo es que no tenemos que apenarnos como lo hace el mundo. ¡Nos dolemos como quienes tienen esperanza! Volveremos a ver a nuestros seres queridos. Estaremos juntos en el cielo por toda la eternidad. Esto es tan solo un "hasta luego" y no un adiós definitivo.

Padre, el dolor es como una montaña rusa, ¡y estoy tan cansada de estar subida en ella! Quiero olvidar. Quiero salir de este ciclo tumultuoso que sube y baja. Y, sin embargo, sé que hacer oídos sordos a mis emociones no es sano. Debo pasar por esto. ¿Vendrás conmigo? ¿Te sentarás a mi lado para que pueda aferrarme a ti cuando tenga miedo? Padre, te necesito cuando experimente este período de profundo dolor.

Señor, estoy llorando la pérdida de una amistad. Recuerdo cuando esta amistad era clara y divertida, algo positivo en mi vida. Pero de eso hace mucho, mucho tiempo. Me has mostrado de forma clara que era el momento de alejarse. Sé que terminar con esta relación era lo mejor para mí. Pero eso no quita la tristeza que siento. Es duro dejar ir a alguien a quien amas.

Vergüenza

Cuando viene la soberbia, viene también la deshonra;
mas con los humildes está la sabiduría.
PROVERBIOS 11:2 RVR1960

*E*s difícil hallar humildad en nuestra sociedad. En este siglo de *selfies*, estamos imbuidas de nosotras mismas. Es complicado estar llenas del Espíritu Santo cuando estamos ocupadas usando un palo de *selfie* para asegurarnos de conseguir la mejor foto. El ángulo debe ser el correcto para que te veas delgada y atractiva. No obstante, el mejor ángulo que podemos esperar lograr es, en realidad, vernos bajo la verdadera luz como las pecadoras que somos. De no ser por la gracia de Dios, seríamos destruidas.

Dios no quiere que caminemos por ahí, avergonzadas. Jesús llevó nuestra vergüenza a la cruz. Nuestro pecado fue clavado en ella, y ya no cargamos más con él. Pero Él quiere que caminemos con humildad. Si somos orgullosas no obtendremos la sabiduría de nuestro Señor. Somos llamadas a caminar con humildad junto a Él todos los días de nuestra vida.

Ayúdame a no avergonzarme nunca de ti, Jesús. Sé que un día, cuando vengas de nuevo, tú te avergonzarás de quienes se hayan avergonzado de ti (Lucas 9:26).

Señor, estoy tan avergonzada de mi pecado. Siempre está delante mí. Por favor, recuérdame que cuando te pido que me perdones, tú eres fiel en hacerlo. No tengo que alejarme avergonzada. Puedo permanecer erguida. Soy justificada por medio de la muerte en la cruz de mi Salvador por mí. Mi pecado es perdonado y puedo caminar con confianza, como una hija del Dios vivo.

Eres el autor y perfeccionador de mi fe. Llevaste mi vergüenza sobre ti y moriste por mí. No te quedaste en la tumba. Estás sentado a la diestra de Dios. Eres mi Salvador y mi Redentor. Abriste un camino para que yo fuera una hija de Dios (Hebreos 12:2).

Me siento avergonzada al presentarme ante ti. Lo siento mucho. Ni siquiera puedo levantar mi rostro hacia el cielo. No he actuado como una mujer piadosa. He traído desgracia a tu santo nombre. Mis iniquidades se han amontonado sobre mi cabeza, y mi culpa ha crecido hasta los cielos (Esdras 9:6). Y, sin embargo, sé que cuando presento mi vergüenza ante ti, tú desciendes hasta mí y me abrazas. Me señalas como posesión tuya. Eres un buen, buen Padre y me amas.

Me escondo de ti, igual que Adán en el jardín, e intentó esconder su desnudez.

Oyó tu sonido, tu espíritu que susurraba entre los árboles.

Yo también te oigo. Escucho la tranquila y pequeña voz de mi Creador… pero la bloqueo.

Esconderme se ha convertido en mi norma.

Evito la oración. Con el ruido de la vida lleno aquellos que solían ser momentos tranquilos. Me mantengo ocupada. No lo denomino esconderse. Lo llamo trabajo y escuela. Lo llamo Smartphone y Tablet y redes sociales. Lo llamo ocuparme de los niños, ver las necesidades de mi marido y cumplir los plazos en la oficina. Lo llamo cualquier cosa que deba mientras pueda impedir que me humille ante ti.

Estoy tan avergonzada de en quién me he convertido. Oh Dios, en tu gracia, retira las capas de vergüenza bajo las que he enterrado esa parte de mí que camina y habla contigo.

Mírame con la lente de Jesús, mi pecado está cubierto por la sangre de la vida derramada por mí en el Calvario.

Es la única forma en que puedo mostrar mi cara. Él es el camino, la verdad y la vida. Nadie viene al Padre si no es por Él.